Uwe Georg Doehn

Darum soll mein Bogen in den Wolken sein...

Uwe Georg Doehn

Darum soll mein Bogen in den Wolken sein...

Tier-Mensch Andachten und Predigten

Fromm Verlag

Impressum / Imprint
Bibliografische Information der Deutschen Nationalbibliothek: Die Deutsche Nationalbibliothek verzeichnet diese Publikation in der Deutschen Nationalbibliografie; detaillierte bibliografische Daten sind im Internet über http://dnb.d-nb.de abrufbar.

Bibliographic information published by the Deutsche Nationalbibliothek: The Deutsche Nationalbibliothek lists this publication in the Deutsche Nationalbibliografie; detailed bibliographic data are available in the Internet at http://dnb.d-nb.de.

Coverbild / Cover image: www.ingimage.com

Verlag / Publisher:
Fromm Verlag
ist ein Imprint der / is a trademark of
OmniScriptum GmbH & Co. KG
Heinrich-Böcking-Str. 6-8, 66121 Saarbrücken, Deutschland / Germany
Email: info@frommverlag.de

Herstellung: siehe letzte Seite /
Printed at: see last page
ISBN: 978-3-8416-0488-0

Uwe Georg Doehn

Darum soll mein Bogen in den Wolken sein...

Tier-Mensch-Andachten und Predigten

Inhalt: **1**

Vorwort:

Meine Freunde von der Hundewiese sind eher kirchenfern in ihrer Mehrheit. Um so mehr freut es mich, wenn es mir alljährlich gelingt, sie dazu zu bewegen, sich mit ihren Vierbeinern vor der Wartburgkirche - hier im Frankfurter Norden - einzufinden. Unsere kleinen Feiern haben schon einen Ruf über die Gemeindegrenzen hinaus. Und wenn das Wetter mitspielt, dann feiern wir recht ausgiebig, je nachdem, wie viel Essen und Getränk da ist.

Hunde lieben Gesang. Sie sind nicht selten aufmerksame Zuhörer, die allerhand von dem verstehen, was so rüberkommt an Gefühl. So singen wir in erster Linie und das kommt gut an bei Mensch und Tier. Das Predigen kann ich trotzdem nicht lassen.

Unsere kleine Veranstaltungsreihe geht nun schon ins siebente Jahr. Wir treffen uns immer am Samstag vor dem Gemeindefest um 18 Uhr, das hatte sich so ergeben, weil einige Sensibelchens recht harmonisch zum kleinen Sechs-Uhr-Geläut jaulen – jedenfalls anfangs. – Inzwischen sind sie schon nicht mehr bei uns. Ich habe ein Beispiel unseres Singens der ersten Andacht beigefügt. Es existieren zudem auch CDs von den Andachten.

Die Predigten im zweiten Teil erklären sich selbst. Ich habe einige Schwerpunkte ausgewählt. Wie ich bei der Durchsicht durch die letzten Jahre bemerkt habe, wiederholen die Themen sich, was sicherlich nicht zuletzt an mir liegt. So wünsche ich denn erhellendes Lesen.

Einige Bemerkungen zu meiner Person:

Nach einem langen und ereignisreichen Leben wurde ich pünktlich mit dem Eintritt ins Rentenalter Laienprediger (Prädikant), nachdem ich zuvor schon dem Kirchenvorstand der hiesigen evangelischen Gemeinde angehörte. Alle meine Kinder und Enkel – es ist inzwischen eine ansehnliche Schar – versammeln sich recht einhellig zusammen mit unseren beiden Hunden immer mal wieder. Sie begleiten mich als kritische Zuhörer/Innen an manchen Festen.

Die vorliegende Textsammlung kreist um Fortschrittsglaube und Jenseitshoffnung – und unser Verhältnis zu Schöpfung und Leben im Lichte biblischer Erkenntnis. Unserem Gemeindepfarrer Thomas Diemer sei an dieser Stelle gedankt, er war mir Orientierung. Ihm und meiner Frau, Gabriele Behr-Doehn, widme ich dieses kleine Büchlein.

Teil I Tier-Mensch-Andachten

Herzliche Einladung zur Abendandacht
für Menschen mit & ohne Tiere mit anschließendem gemütlichen Beisammen-sein* am Samstag, den 19. Juni 2010 um 18 Uhr
vor der Ev. Wartburgkirche, Hartmann-Ibach-Str. 108
60389 Frankfurt am Main
*über mitgebrachte Speisen und Getränke aller Art würden wir uns freuen.

Lied 1: Begrüßung und Eingangs-Psalm 32 im Wechsel
Refrain (alle):
Nimmer seid wie wilde Pferde oder Maultiere ohne Verstand.(9
Die man mit Zaum und Halfter voller Mühe bannt.
1
Wohl dem/ dessen Übertretungen/ vergeben sind,(1)
Dem die Sünde/ bedeckt ist/ in dessen Geist kein Trug ist!
Refrain alle: Nimmer...
2
Zu dir werden/ alle flehen/ zu Zeiten der Angst.(6)
Wenn die großen/ Wasserfluten/ über uns kommen.
Refrain alle: Nimmer...
3
Du bist mein Schirm/ du wirst mich/ vor der Angst behüten,(7)
Dass ich errettet/ gar fröhlich/ dich rühmen kann.
Refrain (alle):
4
Viele Schmerzen hat der Frevler, wer aber sich sichert an IHM,(10)
Den umgibt er mit Huld und tilgt seine Schuld.
Refrain (alle):
5
Freut euch an IHM, jauchzt alle, ihr Bewährten,(11)
Jubelt auf, all ihr Holden, ihr Herzensgeraden!
Refrain (alle):
Nimmer seid wie wilde Pferde oder Maultiere ohne Verstand.(9
Die man mit Zaum und Halfter voller Mühe bannt.

Lied 2: Hunde-Begrüßung, Underdog-Kalender vorstellen und das zweite Lied auf dem Liedblatt singen (Melodie vorgeben.)

Hunde sind dankbar
1
Wenn du einen verhungernden Hund aufliest
Und pflegst ihn gesund, dann beißt er dich nicht.
Das unterscheidet Mensch und Hund –
So tat es der alte Mark Twain schon kund.
Zu lesen auf einem Kalenderblatt,
Wo es noch mehr solcher Sprüche hat.
2
Ja, Hunde sind dankbar, Hunde sind offen.
Ein Hund hat die Seele eines Philosophen,

Erklärte schon Plato im alten Athen
Und Maxim Gorki musste gestehn:
Nach manchen Gesprächen mit seinesgleichen
Hat man den Wunsch einen Hund zu streicheln.
3
Immanuel Kant sah im Menschen das Tier,
Das sich vervollkommnen kann.
Der Mensch täte dies nicht zu seinem Plaisier –
Denn Gott selber regte ihn dazu an.
Und was Gott dem Menschen, ist der Mensch dem Hunde,
Lautet Frank Wedekinds frohe Kunde.

Predigt I

Die beiden eben gesungenen Lieder haben – jedes auf seine Weise - etwas für sich. Allerdings ist darin ein Widerspruch enthalten, über den ich gerne ein wenig reden möchte.

Ich finde, diese beiden gegensätzlichen Aussagen über Tiere kriegt man nicht so einfach zusammen. Wir alle kennen, glaube ich, beide Seiten bei unseren Lieblingen – bei unseren Haustieren.

Wir brauchen gar keine Erfahrungen mit Pferden oder Maultieren zu haben, um zu wissen, wie störrisch, wie ungestüm und wild auch Hunde oder Katzen oder Vögel, Meerschweinchen, Mäuse und dergleichen mehr, werden können.

Das ist gar nicht davon abhängig, welcher Gattung sie angehören, von welcher Art sie sind. Selbstverständlich gibt es darüber hinaus noch besondere gezüchtete Rassemerkmale, aber darauf will ich hier nicht hinaus.

Es geht mir vielmehr darum, dass alle unsere Haustiere einerseits uneinsichtig, unbelehrbar und stur sind.

Dass sie andererseits aber über hochsensible Sinne und Gefühle verfügen, mittels derer sie uns ganz schön beschämen können.

Ich glaube das meint Plato, wenn er sagt, dass Hunde die Seele eines Philosophen haben. Das soll heißen, dass in ihnen eine unbewusste Weisheit schlummert, die viel mit ihren verfeinerten Sinnen zu tun hat.

Ja, Tiere haben ein sehr ausgeprägtes Gefühl für Gerechtigkeit. Sie haben ein sehr ausgeprägtes Gefühl für Aufrichtigkeit. Sie sind unvergleichlich dankbar und vergessen nie, was man ihnen Gutes getan hat. Ich glaube, das können wir alle bestätigen.

Solche guten Eigenschaften haben die Tiere den Menschen oft voraus. Das hindert sie trotzdem nicht daran, schnell in Panik zu geraten. Das hindert Tiere nicht, von Instinkten und womöglich von abgründigen, mörderischen Regungen überfallen zu werden.

Hinterher tut es so einem Jäger, so einer Streunerin dann schrecklich leid. Schuldbewusst schleicht er/sie – Hund oder Katze - sich heim. Wenn er oder sie denn den Weg zurück findet, wenn er/sie nicht überfahren wurde, nicht von einem Tierfänger erwischt oder von wohlmeinenden Zeitgenossen in ein Tierheim eingeliefert wurde.

Sterilisation und Kastration dämmen solche Zügellosigkeit ein. Doch ein Allheilmittel gegen Ungestüm und Ungehorsam sind Triebbeschneidungen nicht. Da helfen oft tatsächlich nur Zaum und Zügel – sprich Leine und Maulkorb.

Da - und das macht, glaube ich, die Weisheit des Psalms aus, sind wir Menschen im Vorteil. Auch wenn wir ansonsten nicht gerade gut abschneiden im Vergleich mit unseren Haustieren.

Wir Menschen haben immerhin die Möglichkeit, unsere überschäumenden Leidenschaften halbwegs in den Griff zu bekommen. Jedenfalls ist es das, was der Psalmist in diesem sogenannten Weisheitspsalm uns sagen will. Er lässt uns wissen, dass wir unseren Verstand einschalten sollen, statt uns ungehemmt gehen zu lassen. Und dass wir uns von unseren Leidenschaften nicht überwältigen lassen sollen.

Benehmt euch nicht wie unverständige Tiere, die von ihren Instinkten überwältigt werden. Benehmt euch nicht so, als hättet ihr keine Wahl, als könntet ihr euch nicht selbst einkriegen.

Bienen begrüßen und Bienenkunstaktion erklären

<u>Lied 3: Darum soll mein Bogen (1. Mose 9, 16-17)</u>

Darum soll mein Bogen in den Wolken sein,
Dass ich ihn ansehe und des Bunds gedenke
/Zwischen Gott und allem lebendigen Getier –
Unter allem Fleische, das auf Erden hier./

Und Gott sprach zu Noah: das nun sei das Zeichen
Des ewigen Bundes, den ich aufgerichtet
/Zwischen mir und allem Fleisch auf Erden hier.
Zwischen mir und allem lebendigen Getier./

Die symbiotische Beziehung zwischen Mensch und Tier am Beispiel der Bienen erläutern.

<u>Lied 4: Tier, Mensch und Pflanze</u>

Tier, Mensch und Pflanze brauchen Licht und Wasser.
Und Liebe brauchen alle sowieso.
In Düsternis und Schatten blass und blasser
Werden wir Lebewesen selten froh.
Refrain:
Ja, Liebe brauchen alle zu Ihr'm Leben.

Ohne die Liebe freut das Leben nicht.
Einander woll'n wir uns viel Liebe geben,
/Denn Liebe ist ja unser Lebenslicht./
2
Ganz ohne Liebe leiden wir im Dunkeln.
Ganz ohne Liebe schwinden wir dahin.
In deiner Lieb' seh' ich die Sterne funkeln.
Zu dir, mein Schatz, zieht es mich immer hin.
Refrain

Predigt II(Fortsetzung)

Es gibt noch einen Kalenderspruch in dem gleichen Kalender, der mich beeindruckt hat. Außerdem passt er hier gut hin. Er ist so was wie die Schlussfolgerung aus dem Gedankengang.

Er lautet: – der Mensch ist das Tier, das sich vervollkommnen kann -. (Immanuel Kant dt. Philosoph 1724-1804)

Klar muss man hier aufpassen, dass man sich nicht vergaloppiert. Inzwischen wissen wir alle, dass auch Menschen nicht allein über den Kopf bestimmt sind. Dass das wenigste von dem, was mit uns geschieht, über den eigenen Kopf gesteuert wird. Trotzdem hat der Spruch von Kant was für sich.

Kant sagt ja nicht, dass wir **einzig** über den Verstand funktionieren. Er sagt, dass nur der Mensch die **Möglichkeit** hat, sich zu vervollkommnen. Nur der Mensch ist in der Lage, seine Welt und sein Schicksal zu begreifen. Nur der Mensch ist in der Lage, über den Sinn seines Lebens nachzudenken. Wieweit ihm da die Leidenschaften in die Quere kommen, wieweit diese dazu gehören, wieweit diese Sinn und selber Ziel des Lebens sein können oder sollen, das eben gilt es herauszufinden. Deshalb sind wir auf der Welt.

Lied 5:

// Dass mir der Hund das Liebste ist,
Sagst du o Mensch sei Sünde.
Der Hund ist noch im Sturme treu,
Der Mensch nicht mal im Winde.//
Franziskus von Assisi

Predigt III (Fortsetzung)

Ich glaube, dass auch der Gedanke, dass der Mensch das Tier ist, das sich vervollkommnen kann, noch nicht am Ziel ist. Wir sind mit dem Weisheitspsalm 32 davon ausgegangen, dass wir selbst es in der Hand haben, das Diktat der Sinne und Leidenschaften in menschliche Bahnen zu lenken. Das ist gut und richtig. Trotzdem dürfen wir uns dabei nicht übernehmen. Auch wenn wir einen Verstand besitzen, brennt auch uns die Sicherung unter bestimmen Umständen durch. Wir sind viel weniger Herr im eigenen Haus als wir uns einbilden. So möchte ich auf einen weiteren Kalenderspruch eingehen. Er stammt von Frank Wedekind (dt. Schriftsteller 1864-1918) und lautet:

Was Gott dem Menschen, ist der Mensch dem Hunde.

Diesen Spruch muss man sich richtig klar machen. Hund und Frauchen bilden danach eine ebensolche Einheit wie Mensch und Gott. Oder anders ausgedrückt:

Gott verhält sich zu uns Menschen, wie wir Menschen uns zu unseren Hunden (Tieren) verhalten.

Kann das sein? Kann das wirklich sein? Kann Gott sich zu uns ebenso verhalten, wie wir uns zu unseren Hunden und allgemein zu Tieren? O weh, dann geht es uns aber schlecht, würde ich mal sagen. Denn wie wir es auch drehen und wenden, wir Menschen verhalten uns zu unseren tierischen Mitbewohnern auf diesem Planeten nicht gerade Gentleman-like. Da möchte man doch hoffen, dass wenigstens Gott da schon weiter ist, dass er uns wohler gesonnen ist als wir es den Tieren sind.

Und da freue ich mich wirklich darüber, dass ich eine **gute** Botschaft, dass ich ein **neues** Testament zu verkündigen habe. Die **frohe Nachricht** lautet, dass Gott selbst in seinem Sohn für uns in den Tod gegangen. ER hat uns durch dieses Sühnezeichen als seine Kinder aufgenommen. Er ist uns ein guter Hirte.

Gott ist ein gutes Frauchen, das uns (arme Hunde) über alle Maßen lieb hat. Und auch dann, wenn wir uns schwer damit tun, dies einfach so zu glauben, so können wir in unserer eigenen Liebe zu **unseren** Lieblingen immerhin erkennen, wie die Liebe beschaffen ist. Denn wenn wir die Liebe empfinden, dann erkennen wir Gott ja schon. Gott und Liebe sind nämlich ein und dasselbe. Amen

Lasst uns beten: Vater unser...

Kollekte (Tierschutz) ansagen & Einladung zum Gemeindefest

Lied 6: EG 610, Herr deine Liebe...

Einladung zum Essen und Segenspsalm 121:

Lied 7: Ich hebe meine Augen auf

(Nach Psalm 121)
Ich hebe meine Augen auf.(1)
Woher kommt Hilfe in der Not?(1)
Meine Hilfe kommt mir zu von meinem Gott.(2)
Vom Herrn des Himmels und der Erde,
Vom treuen Hüter Israels, (4)
Der uns behütet – denn ER schläft und schlummert nicht.(5)

/Der Herr behüte dich und mich
ER sei dein Schatten über dir,(5)

Dass dich des Tages Sonn nicht sticht(6)
Noch Mond bei Nacht.

Der Herr behüte dich vor Übel.(7)
ER behüte deine Seele.
ER behüte deinen Weg(8)
Mit seinem Wort./

***

Einladung zur **Abendandacht für Mensch und Tier**
mit anschließendem gemütlichen Beisammensein
am Samstag, den 3. September 2011 um 18 Uhr in der Ev. Wartburgkirche
Hartmann-Ibach-Str. 108 60389 Frankfurt am Main
*Bei schönem Wetter bleiben wir draußen vor der Tür.
*Über mitgebrachte Speisen und Getränke aller Art würden wir uns freuen.

Predigt: Gib dem Mensch einen Hund, und die Seel' wird gesund.
(Hildegard von Bingen)

Vor einigen Wochen habe ich zufällig im Fernsehen in einen Beitrag zur Altenfürsorge reingezappt und bin hängen geblieben. Da stellte ein Firmenvertreter eine mechanische Robbe vor, die mit den Augen rollen konnte. Außerdem gab sie gurrende Laute von sich. Sie konnte sich auch auf die beiden Vorderflossen hochheben und mit dem Maul auf und zu klappen und die Hinterflossen konnte sie auch noch bewegen, glaube ich.

Doch das war's dann schon. Das Ding kostete über tausend Euro und war hauptsächlich für Altenheime gedacht, damit die alten Leutchen etwas zum

Schmusen haben sollten und zum Streicheln, denn weich war das weiße Fell auch noch. Außerdem sah das Tier recht knuddelig aus.

Einige Dehmente Damen, denen diese Roboter-Robbe vorgeführt wurde, schienen jedoch nicht gerade begeistert zu sein. Sie hielten das Ding einige Zeit in Händen. Sie merkten wohl auch auf, wenn es sich zu bewegen begann. Aber schon nach wenigen Sekunden vergaßen sie, was sie da auf dem Schoß hatten.

Sie ließen die mechanische Robbe fallen oder warfen sie sogar irritiert von sich, mit Zeichen der Ablehnung. Was den Vertreter in Verlegenheit brachte. Trotzdem machte die Kamera keinen ganz schnellen Schwenk. Der Beitrag wollte nicht gar zu unkritisch erscheinen. Jedenfalls sank er nicht voll auf dieses Teleshopping-Niveau herab. Die Kommentare waren distanziert und vorsichtig. Keinesfalls aber schroff ablehnend.

Das fand ich doch einigermaßen erstaunlich. „Da hat die Firma nachgeholfen", dachte ich bei mir. Denn ich fand die Sache ziemlich geschmacklos und habe mich über das mangelnde Interesse seitens der Patienten klammheimlich gefreut.

Bemerkenswert fand ich dennoch, dass das Bedürfnis nach Streicheleinheiten auch die Mitte der reiferen Gesellschaft erreicht zu haben scheint. Dass zur Grundversorgung nicht mehr nur das Füttern, Windelwechseln und Waschen zählt, sondern eben auch Zärtlichkeit.

Falsch ist nur, dass dieses Grundbedürfnis auf solch eine Weise gestillt werden soll. Doch das hat viel mit dem Pflegenotstand zu tun. Die Pflegerinnen haben einfach nicht genug Zeit, um wirklich auf ihre Patienten einzugehen. Für Streicheleinheiten reicht es dann meist nicht mehr.

Und da soll dann diese Roboterrobbe einspringen. Die steht Tag und Nacht zur Verfügung. -

So die Idee. In der Wirklichkeit wird sich die Sache bald als Flop erweisen. Aber das ist nicht einmal der schlimmste Fehler, der in diesem Projekt steckt. Denn die Hersteller dieses Roboters sehen völlig davon ab, dass Tiere eine Seele und einen eigenen Charakter haben und nicht nur aus Streichelfell bestehen. Von ihnen geht Zärtlichkeit, Wärme und viel Gefühl aus. Ihre Augen sind nicht nur putzig und niedlich, sondern blicken einen voller Liebe und Vertrauen an. Oder auch verschmitzt und manchmal auch schuldbewusst.

Was folgt daraus?

In den Heimen besteht eine große Sehnsucht nach Liebe und Zärtlichkeit, die nicht gestillt werden kann. Das ist sehr traurig.

Die andere Seite aber ist noch viel trauriger. Denn was geschieht mit Lumpi, wenn Frauchen ins Heim muss? Lumpi wird ins Tierheim gebracht. Ganz gleich, ob Hund, ob Papagei oder Katze, - für Tiere ist im Heim grundsätzlich kein Platz. Das ist nicht nur sehr, sehr schade, sondern auch grundfalsch.

Ja, umgekehrt würde ein Schuh draus: Die vereinsamten Alten, die in ein Heim kommen, sollten dort von einer Schar fröhlicher Tiere bereits empfangen werden, mit denen sie sich mit der Zeit anfreunden können. Mit denen sie Gassi gehen können, die sie streicheln und vielleicht hin und wieder auch einmal mit Leckerlis verwöhnen dürfen. – Und für die sie auch noch ein Stück weit Verantwortung übernehmen können – soweit das noch eben im Bereich ihrer Möglichkeiten ist.

Ich glaube damit könnten sich nicht nur die geplagten Pflegerinnen ein Stück weit entlasten, sie hätten auch zufriedenere und vielleicht auch noch selbständigere ‚Patienten', mit mehr Freude am Leben.

Es bräuchte gar nicht viel. Pro Etage drei Katzen, wo es mit dem Auslauf nicht so doll ist. Oder eben auch zwei, drei dankbare kleinere Hunde aus dem Tierheim, wo sie gelandet sind, weil Frauchen ins Heim musste oder sich ganz verabschiedete.

So lasst uns gemeinsam singen:

//Gib dem Mensch einen Hund,
Und die Seel' wird gesund.//

Und hinter der Rezeption würde sich ein bunter Papagei o.ä. mit allerlei altklugen Sprüchen nicht schlecht machen – einer, der sein Leben in Gefangenschaft verbrachte, müsste es schon sein, nicht etwa ein Urwaldimport. – Nun ja – Vorsicht bei Exoten ist durchaus geboten!

/Vorsicht bei Exoten
ist durchaus geboten!/

Doch das ist schon wieder ein neues recht unerfreuliches Thema, damit werden wir uns ein anders Mal befassen. Nur soviel: Millionen exotischer Tiere werden auf grausame Weise täglich nach Europa, Japan oder den USA geschmuggelt, um dort entweder aufgegessen oder in versteckten Terrarien gehalten zu werden, wenn sie nicht - für sogenannte Forschungszwecke - in den Laboratorien der Pharma- oder Kosmetikindustrie verschwinden.

***

HERZLICHE Einladung zur **Abendandacht** für Mensch und Tier
mit anschließendem gemütlichen Beisammensein
am Samstag, den 3. September 2012 um 18 Uhr in der Ev. Wartburgkirche
Bei schönem Wetter bleiben wir draußen vor der Tür.
Über mitgebrachte Speisen und Getränke aller Art würden wir uns freuen.

Predigt: Vom Fragen

Liebe Gemeinde. Es war so um Weihnachten 2008 herum, da zierte oder verunzierte ein Graffiti unseren Kirchturm, sehr zum Ärger mancher Gemeindemitglieder. Im Turm selbst lief gerade die Adventsausstellung. Sie erinnern sich! Darin stellten - täglich wechselnd - vierundzwanzig Künstler über die ganze beleuchtete Fläche des Turms hinweg - ihre Einfälle dar: Passend - oder auch nicht -, zum Advent, zur Winterzeit, zum Zustand der Welt oder zu was auch immer.

Dem Unmut ob des unbotmäßigen Graffitis wurde alsbald der Grund entzogen. Emsige Heinzelmännchen entfernten das Ärgernis.

Ich konnte mich dem Unmut nicht recht anschließen. Zu deutlich schien mir der Zusammenhang zu Ausstellung und Anlass. Aber darauf komme ich gleich.

Ich ahnte, was kommen würde und bat meine Frau, möglichst sofort ein Foto von dem Graffiti zu machen. Das fiel mir während der Arbeit ein, und ich rief zu Hause an deswegen.

Sie war so nett und hat das Foto gemacht. Sie sehen es als Fotokopie auf dem Zettel, der Ihnen verteilt wurde.

Ich muss sagen, dass das Strichmännchen auf der Abbildung besser zur Geltung kommt als im Original.

Es hatte mir dort bereits gefallen, jetzt aber gefiel es mir noch besser. Ich finde die Figur ausgesprochen symbolträchtig, ja geradezu ideal für einen Kirchturm. Und ich ärgerte mich im Nachhinein ein wenig über mich, dass ich nicht stärker auf dem Erhalt des unverhofften Kirchenschmucks bestanden hatte.

Wahrscheinlich wäre ich damit nicht durchgekommen. Jedenfalls aber zog ich daraus die Lehre, künftig bei ähnlichen Gelegenheiten mehr Rückgrad zu zeigen, statt sogleich einzuknicken und klein bei zu geben.

Lassen Sie uns gemeinsam das kleine kecke Strichmännchen betrachten.

Bemerkenswert erscheint zunächst die sichere und sparsame Linienführung und der erzielte Effekt durch die Haltung der Arme und Hände. Durch die Neigung des Kopfes bzw., der ganzen Figur – leicht nach oben bekommt die Figur eine eigentümliche Lebendigkeit, die durch das leicht geöffnete Papageien-Plappermaul noch verstärkt wird. Ein großes Fragezeichen entsteigt diesem als Sprechblase. Und wird durch einen Zeigefinger, der auf ein nicht sichtbares Gegenüber gerichtet ist, unterstützt.

Folgt man dem Zeigefinger, so gelangt man auf der Rückseite des Turms zu „Gott“ (zu dem dorthin gesprühten Wort „Gott“. Es ist dort bewusst und im Zusammenhang hin gesprüht worden, will es scheinen.)

Trotz des rotzfrechen Eindrucks, den die Figur vermittelt, bleibt sie doch esoterisch und unfertig. Sie schwebt gleichsam Unterleibs - los über dem Boden der Wirklichkeit, was durch das Fragezeichen auf der Brust noch unterstrichen wird.

Sie merken – ich wiederhole mich - , das Strichmännchen hat es mir angetan. Und ich würde den Künstler oder die Künstlerin gern kennen lernen. Und sie zu einer irgendwie gearteten Zusammenarbeit – so was wie „Kirche und Welt“, „Kirche jetzt und hier,“ „Wir sprayen für eine bessere Welt“, oder dergleichen, - ermutigen.

Wie schade, dass dieses Werk unwiederbringlich verloren ging, dachte ich damals im Januar und bereitete ein entsprechendes Bildchen für den Gemeindevorstand vor. Ich schrieb über die Fotokopie *„Was wollte uns der Künstler damit sagen?“* und darunter: *„zerstört für die Ewigkeit!“* Der Doppelsinn von Ewigkeit hier schien mir sehr bedeutungsvoll. Inzwischen sehe ich das Ganze freilich wieder gelassener. Immerhin habe ich ja das Foto und jetzt haben auch Sie es.

Die Januar-Sitzung des Kirchenvorstands war dann aber so vollgepackt, dass ich um 23^{30} Uhr selbst keine Lust mehr verspürte, den Punkt auch noch anzubringen. Ich nahm mir stattdessen vor, das Strichmännchen demnächst in einer Predigt zu verwenden.

Lassen Sie mich an die Bibellesung im Johannesevangelium zum Sonntag Rogate erinnern. Dieser Sonntag gilt dem Fragen und Beten, dem **Beten als Fragestellung**, wenn man so will.

Im Johannesevangelium in dem Kapitel 16 versucht Jesus den Jüngern klarzumachen wie es ohne ihn weitergehen wird in der Welt. Sie aber dringen in ihn, über die künftige Welt Auskunft zu geben.

Leise Verzweiflung klingt an bei Jesus. Es gelingt ihm nicht, ihnen Einblick in die kommende Welt zu gewähren. Einzig auf den Tröster, auf den **Geist der Wahrheit** kann er verweisen, mit dessen Hilfe es gelingen wird, die Welt, so wie sie ist, immer wieder in Frage zu stellen und zu versuchen, sie zum Guten hin zu verändern.

Nicht nur in der Welt draußen, sondern auch in jedem einzelnen Menschen mag eine solche Verbesserung der Mühe wert zu sein. Dazu aber bedarf es der richtigen Fragestellung. Sie erst öffnet Horizonte und macht den Blick auf das wünschbar Kommende frei.

Es geht um das Fragen, um das richtige Fragen nach innen und nach außen. So wie dies das Strichmännchen durch das Fragezeichen vor dem Mund und auf der eigenen Brust ausdrückt.

Ja, vielleicht ist es besser und hilfreicher, Fragestellungen zu entwickeln, statt sich mit scheinbar umfassenden Antworten zufrieden zu geben, nur weil diese immer schon als richtig galten und eine lange Tradition besitzen.

Auf die wichtigsten Fragen, so macht Jesus seinen Jüngern (und damit auch uns) klar, gibt es hier und jetzt keine erschöpfenden Antworten.

Es kommt vielmehr darauf an, die richtigen und wichtigen Fragen immer wieder neu zu stellen. Und dazu kann eben auch das Infragestellen von scheinbar sicherem Glaubensgut gehören. Selbst dann, wenn uns dies unschicklich erscheint.

Ja, liebe Gemeinde, es kommt darauf an, diese Fragen immer wieder in die Welt hinaus zu tragen **und sich dabei selbst in Frage zu stellen**.

Genau das tut das Strichmännchen und deshalb ist es mir ans Herz gewachsen. Fast bin ich neidisch, dass mir eine solch genial einfache Zeichnung nicht einmal ansatzweise in den Sinn gekommen ist. Geschweige, dass ich mich getraut hätte, sie dahin zu sprühen oder zu zeichnen, wohin sie – so finde ich – gehört.

Denn wohin sonst, gehört eine solche verdoppelte Fragestellung besser - als in die Kirche?

Es wäre jetzt verführerisch, einige der großen Fragen anzureißen, die sich nach außen an die Welt oder auch nach innen ans eigene Ich richten.

Fragen, die das große Ganze im Blick haben und die die Welt wirklich voranbringen. Aber das will ich mir verkneifen. Denn das Strichmännchen kann dies viel, viel besser: Durch die ganz einfachen Fragezeichen an der Wand unseres Kirchturms. Passend zum Advent – passend zur Erwartung und Ankunft unseres Herrn Jesus Christus, dessen Licht nicht aufhört, über uns zu leuchten und unsere Seelen zu erfüllen, wo wir es hereinlassen.

Ist es an uns die Lehre rein zu halten? Sind wir wirklich die Sachwalter Christi, die Verkünder des **Geists der Wahrheit**? – Nun sind mir schon wieder Fragen ausgekommen. – Rhetorische Fragen, mit denen ich etwas anderes sagen will als sie fragen. Weil ich glaube, ein bisschen von der Antwort erkannt zu haben. Von der ganz großen Antwort, für die die Kirche angetreten ist und immer wieder – jeden Tag neu – antritt.

Und so darf ich abschließend noch einmal hervorheben und ein letztes Mal betonen:

Zum Bild der tätigen Kirche Christi passt das Graffiti an der Wand unseres Kirchturms mit seinen Fragezeichen recht gut.

Jedenfalls hätte es dorthin gut gepasst. Und ich bin davon fest überzeugt: Es wird alsbald dorthin passen.

Lasst uns die Türen und Tore unserer Einrichtungen weit aufstoßen, weiter aber noch die Türen und Tore unserer Herzen. Lasst uns mit hilfreicher Hand bereit sein für die zu uns Kommenden. Wir wollen sie empfangen wie es ein Vater tut, dessen Kind in der Welt verloren ging und das wieder heimfindet.

Dazu helfe uns Gott, dazu möge er uns Geduld, Nachsicht und Weitblick schenken. Wir kennen seine Wege nicht. Wir verstehen selten genug, was er uns sagen will. Wir begreifen nicht, wie seine Hand eingreift ins Spiel der irdischen Kräfte und Gewalten. Uns ergeht es womöglich wie den Jüngern Jesu im zitierten 16. Kapitel des Johannesevangeliums, die voll Bangigkeit in eine Jesus-lose Zukunft schauten und erschauderten. Und denen Jesu Zuspruch zuteil wurde.

Es ist nicht an uns zu entscheiden, was von Gott kommt, was seiner Hand entspringt. Wir kennen den **Geist der Wahrheit** nicht, den er uns sandte und der so weitgehend unbegriffen ist. Dessen Fest wir alsbald an Pfingsten wieder feiern. Den **Geist der Wahrheit**, der so oft schon gründlich missverstanden wurde. Wer also sind wir, dass wir die Zeichen an der Wand gering schätzen?

Gottes Haus ist für alle da. Alle sollen darin Ruhe, Frieden und Einsicht finden. Alle sollen darin Gott begegnen dürfen. Manchen wird ihr unruhiger Geist unbequeme Fragen eingeben.

Unbequem mögen solche Leute sein. Sei's drum. Ich halte mich auch für unbequem.

Aber wer sagt uns denn, dass Gott uns bequem will? Wer sagt uns, was Gott von uns will? Das tut Gott allein. Wenn Gott jenen Sprayern die Hand führt, wenn er ihnen eingibt, sich Graffiti - gemäß zu äußern und einzubringen: Nun, dann sei es so. Bunt und lebendig soll unsere Kirche sein. Ein wenig von dem Leben, das dort entfaltet wird, soll an ihren kantigen grauen Mauern halt finden. Auch sie sind ja nicht bequem. Wichtig ist doch wohl, dass wir einander als Menschen annehmen, so wie wir sind und uns bemühen, einander in Liebe zu ertragen. Amen

***

Herzliche Einladung zur Abendandacht für Mensch und Tier
Am Samstag, 28. Juni 2014 um 18 Uhr vor der Wartburgkirche Hartmann-Ibach-Str. 108 'bei Regen in der Kirche.

Predigt: Die Erde bringe hervor lebendiges Getier... (1. Mose 1, 1-31)

Rund um den Taufstein finden sich nicht nur Hinweise auf frühchristliches Geschehen, nur ein wenig weiter gelangt der Wanderer in die Welt vor unserer Zeit. Jene bizarre Urzeit, wo alles ganz anders war, wo vielleicht Wassermassen die Erde bedeckten oder Wüsten das Land austrockneten, je nachdem, in welches Zeitalter man da eintaucht.

Dergleichen ist hier oben im oberen Vogelsberg gefällig aufbereitet in kleinen Lehrinseln mit kurzen eingängigen Erklärungen. Erstaunlich wenige Schulklassen sind unterwegs, jedenfalls treffe ich ganz selten jemanden, wenn ich mit meinen beiden Hunden dort oben umherstreife.

Ja, es gibt viel zu lernen – für jung und für alt, denn so mancher dünkt sich schlauer als er ist, merkt er dort. Die wissenschaftlichen Erkenntnisse beanspruchen jedoch keineswegs die ultima ratio (der Weisheit letzter Schluss) zu sein, sondern geben nur den Wissensstand wider. Besonders was die Zeitbestimmung angeht, driften die Lehrmeinungen mitunter erheblich auseinander. Und doch zeichnet sich so etwas wie ein roter Faden ab. Einige Tatsachen scheinen inzwischen unabweislich.

Das Leben auf unserer Erde entstammt dem Wasser, das vor vielen Millionen Jahren den größten Teil des Urkontinents bedeckt hatte, der dann später auseinander brach und dann begann, auseinander zu driften. [Sie driften übrigens immer noch – die Kontinente, weshalb es immer wieder zu den katastrophalen Flutwellen kommt, wenn sich die Festlandplatten gegeneinander verschieben.]

Das Land bevölkerte sich alsbald mit bizarren Geschöpfen von denen uns die Vögel erhalten blieben, die den archaischen Verwandten noch am ähnlichsten sind.

So kann man sagen, dass nächst den Fischen und Echsen im Meer, die Vögel entstanden. Ich finde das deshalb wichtig, weil in unserer Bibel eben dies so beschrieben steht. Da heißt es am vierten Tag der Schöpfung:

Es wimmle das Wasser von lebendigem Getier, und Vögel sollen fliegen auf Erden unter der Feste des Himmels 1.M.1,20)

Einen Tag später geht es dann weiter mit den Landtieren, da heißt es:

*Und Gott sprach: **Die Erde bringe hervor lebendiges Getier**, ein jedes nach seiner Art: Vieh, Gewürm und Tiere des Feldes, ein jedes nach seiner Art. Und es geschah so.(24)*

Es folgt die Schöpfung der Menschen. Sie sind – wie die Landtiere - Teil eben jener Hervorbringung durch die Erde.

Das Land bedeckt sich mit viel Grün, das Tier und Mensch als Nahrung dient. [**Da ist übrigens keine Rede von fleischlicher Kost.**] Die Tiere kriegen alles grüne Kraut heißt es da und für die Menschen sind Pflanzensamen und Baumfrüchte vorgesehen.

Bemerkenswert an der biblischen Schöpfungsmythologie ist unter anderem die Reihenfolge. Zumeist nämlich nimmt in anderen Kulturen der Mensch breiteren Raum ein, während die Erde viel weniger in ihrer schöpferischen Qualität gewürdigt wird.

Viel Aufhebens wird im christlichen Fundamentalismusstreit um die Schöpfungswoche gemacht. Etwa warum am 6. Tag so wenig passiert und warum

am 3. Tag (mit Pflanzen), und
am 4.(mit den Fischen und Vögeln)
und am 5. Tag (mit Landtieren und Menschen) so viel geschieht.

Überhaupt die Zeit. Es wäre nun ganz verkehrt, wollte man das Schöpfungsgeschehen in ein zeitliches Schema pressen. Sicherlich ist hier von Äonen unbestimmter Dauer die Rede statt von Tagen zwischen Sonnen Auf- und Untergang in unserem Sinne. Zumal die Gestirne erst zur Wochenmitte in Erscheinung treten. Mithin erst ab dann von Tagen überhaupt die Rede sein kann.

Gott verfügt nun einmal über die Äonen der Zeit. Da werden aus Sekunden schnell Stunden und aus Tagen Jahrmillionen.

Habe ich mich nun mit dieser wohlwollenden Deutung der biblischen Schöpfungsgeschichte aus der Affäre gezogen beim Versuch von dieser wundersamen Erzählung, die so sehr ans Herz rührt, zu retten, was zu retten ist?

Die Schöpfungsgeschichte in der Bibel will veranschaulichen, will mit klaren Worten und einfachen Mitteln verstehbar machen, was an sich unfassbar ist. Da ist es eben dann kein Widerspruch, wenn Gott

- zum einen Mann und Frau schafft,

[Gott schuf den Menschen zu seinem Bilde, zum Bilde Gottes schuf er ihn; und schuf sie als Mann und Weib (27)]

- und zum andern die Frau erst aus Adams Rippe entstehen lässt.

Widersprüche und Ungereimtheiten gibt es nur scheinbar. Immer kommt es auf den mythischen Zusammenhang an und auf die Absicht. Denn es spiegelt sich darin immer auch das archaische Weltbild jener Urzeit.

Um so erstaunlicher ist es, wenn nun neuere Erkenntnisse zentrale Aussagen bestätigen wie eben die Reihenfolge bei der Entstehung der Arten.

Zusammenfassend lässt sich vielleicht sagen: Das Leben entstammt der Erde (die Erde bringt es hervor), und ist zugleich - in allen Erscheinungsformen - göttlichen Ursprungs. Und das heißt - **alles Leben ist heilig**. (So lehrt uns der Schöpfungsmythos im 1. Buch Mose.)

Anders fasst es auch die moderne Chemie und Physik nicht, wenn sie auch das Wort ‚heilig' nicht verwendet. **Hier ist es die sogenannte Photosynthese, mit deren Hilfe aus Licht und Mineralien Leben entsteht und gedeiht**.

Die Photosynthese ist ein wahres Wunderwerk, das im letzten noch immer mehr Fragen als Antworten aufgibt. Auch wenn wir wissen, dass solche Vorgänge dem Leben zugrunde liegen und alles Leben in der Wandlung des himmlischen Lichts entsteht.

***

Teil II Predigten

Predigt: Die richtige Nachfolge

Gnade sei mit euch, und Friede von Gott dem Vater und unserm Herrn, Jesus Christus, liebe Gemeinde.

Es kommt ein Schiff geladen, so sangen wir soeben. Welch schönes Gleichnis. Jedenfalls während der ersten drei Strophen. Doch dann kommt es zu einem Bruch – noch nicht sofort spürbar in der vierten Strophe, doch dann in der fünften, heißt es plötzlich recht unvermittelt –

5. wer dies Kind umfangen will muss vorher mit ihm leiden, groß Pein und Marter viel.

.

Marter und Tod werden hier auf einmal die Kennzeichen für die Nachfolge Christi.

Die Frage ist nun, ob diese Darstellung der Nachfolge Christi so auch zutrifft? Ob wir unserm Herrn auf solch martialische Weise nachfolgen sollen?

Das Lied entstand inmitten des 30 jährigen Krieges. In einer finsteren Zeit unserer Geschichte. Dies gilt es zu bedenken.

Erbarmungslos schlugen die Konfessionen aufeinander ein und viele Menschen wurden um ihres Glaubens willen gefoltert und gemordet. Der Märtyrertod war damals allgegenwärtig.

Die Frage ist allerdings, ob mit solch einem Märtyrertod wirklich die richtige Nachfolge in den Blick rückt, oder ob Jesus unter Nachfolge etwas anderes verstand.

Ich denke, in dem Lied kommt es zu einer Verengung der Sichtweise, wenn nicht gar zu einer gänzlichen Umdeutung. Es geht dem Liedermacher weniger um unser Tun und Trachten in dieser Welt. Das Reich Gottes erschließt sich ihm vielmehr durch Folterqual und Kreuzestod, wie ihn Christus erlitt. Der leitende Gedanke ist, dass wer Christus wahrhaft nachfolgen will, auch den nämlichen Schmerzensweg einschlagen muss.

[Harfe]

Was aber sagte Jesus selber über die Nachfolge? Wie wird die Nachfolge im Neuen Testament beschrieben? Was wurde uns von den Evangelisten dazu überliefert?

In den Evangelien ist in der Tat mehrfach von **Nachfolge** die Rede, so lesen wir etwa im Mathäus-Evangelium:

Als nun Jesus am Galiläischen Meer entlangging, sah er zwei Brüder, Simon, der Petrus genannt wird, und Andreas, seinen Bruder; die warfen ihre Netze ins Meer; denn sie waren Fischer. - Und er sprach zu ihnen: ***Folgt mir nach****; ich will euch zu Menschenfischern machen!* ***Mt 6, 18-19***

Oder auch bei Johannes – da lesen wir:
*Ich bin das Licht der Welt. Wer mir **nachfolgt**, der wird nicht wandeln in der Finsternis, sondern wird das Licht des Lebens haben **Joh 8, 12***

Und vielleicht noch deutlicher bei Mk 2, 14-17:
Und als er vorüberging, sah er Levi, den Sohn des Alphäus, am Zoll sitzen und sprach zu ihm: Folge mir nach! Und er stand auf, und folgte ihm nach. Und es begab sich, dass er zu Tisch saß in seinem Hause, da setzten sich viele Zöllner und Sünder zu Tisch mit Jesus und seinen Jüngern; denn es waren viele, die ihm nachfolgten.

(...) Jesus sprach zu ihnen: Die Starken bedürfen keines Arztes, sondern die Kranken. Ich bin gekommen, die Sünder zu rufen und nicht die Gerechten.

Seine Jünger sandte Jesus aus in alle Lande, dass sie gleich ihm Wunder täten, Kranke heilten, böse Geister austrieben, Lahme gehen machten und Blinde sehend. So lesen wir bei Mk im 6. Kapitel unter der Überschrift:

Die Aussendung der Zwölf. - u.a. (...)

Und sie zogen aus und predigten, man solle Buße tun, und trieben viele böse Geister aus und salbten viele Kranke mit Öl und machten sie gesund.

/Harfe/

Wir sind keine Apostel. Unsere Kraft ist gering und doch lädt uns Jesus zum Abendmahl, wie jene Zöllner und Sünder, auf dass wir mit ihm das Brot des Lebens teilen und vom Kelch des Heils trinken.

Wir können einander helfen. Wir können für einander da sein. Wir können einander trösten und Mut machen. Nichts anderes bedeutet es ja, Jesus nachzufolgen und Gutes in der Welt zu tun, wie die zwölf Apostel.

Und gleich ihnen wie **Jesus die Liebe in der Welt in Wort und Tat verbreiten. Das helfe Gott.**

Viel ist es vielleicht nicht, was **wir** tun können in seiner **Nachfolge**.

Aber Kleinvieh macht auch Mist – wie der Volksmund sagt. Ein bisschen können wir schon auch tun! – Zumal, wenn wir merken, wie viel es uns selber bringt. Versuchen wir's mit einem Lächeln, wenn wir einander begegnen, gönnen wir dem Nächsten ein liebes Wort, nehmen wir Anteil aneinander. Ein offenes Ohr kann Wunder tun. – Sie sehen, - Nachfolge ist gar nicht so schwer.

Amen

Und der Friede Gottes, welcher höher ist als alle Vernunft, bewahre eure Herzen und Sinne, in Jesus Christus, unserm Herrn.

Amen

***

Predigt: Über die Liebe [Joh 2, 1-11& Eingangspsalm**: Hld 6, 9-12 & 7, 1-2, 11-14, & 8,6]:**

[**Er**] Einzig ist sie - meine Taube, meine Reine;(6/9)
a d a e a
Einzig ist sie für ihre Mutter,
D**7* ***G ***G**7*
Das Liebste für die, die sie geboren hat.
C ***a*** ***d*** ***d'*** ***d***
Sie bricht hervor wie die Morgenröte,(10)
a e a
Schön wie der Mond, klar wie die Sonne!
2
Hin zum Nussgarten bin ich gegangen,(11)
Ich wollte schauen, ob der Weinstock sprosst,
Ob die Granatbäume blühen.
Ohne dass selber ich 's merkte,
Trieb Verlangen mich zur Fürstentochter.
3
Wende dich hin, wende dich her,(7/1)
O Sulamith! Wende dich hin,
Wende dich her, dass alle dich schauen.
Was seht ihr Sulamith an beim Reigen?
Wie ist dein Gang schön, o Sulamith.(2)
4
*[**Sie**] Zu meinem Freund gehöre ich allein,(7/11)*
Und nach mir steht all sein Verlangen.
Komm, mein Freund, lass uns gehen auf das Feld,(12)
Die Nacht unter Zyperblumen verbringen,
Dass wir früh aufbrechen zu den Weinbergen.(13)
5
Zu schauen, ob der Weinstock wieder sprosst
Und seine Blüten schon aufgehen,
Ob die Granatäpfel blühen.
Da will ich dir meine Liebe schenken.(14)
Mein Freund, für dich hab ich sie aufbewahrt.
6
Lege mich wie ein Siegel auf dein Herz,(8/6)
Und wie ein Siegel auf deinen Arm.
Denn Liebe ist stark wie der Tod
Und Leidenschaft ist unwiderstehlich.

Gewaltig ihre Glut - eine Flamme des HERRN.

Gnade sei mit euch und Friede von Gott dem Vater, und unserm Herrn Jesus Christus, liebe Gemeinde.

Beim Evangelisten Johannes findet die Selbstoffenbarung von Jesus – heute würden wir sagen sein Coming out - anlässlich einer Hochzeit statt. Das ist insofern bemerkenswert, als er damit ein Zeichen setzt. Er nimmt den formellen Ausdruck der Liebe zweier Menschen zum Anlass, sich seiner Rolle inne zu werden, die er von nun an auf sich nimmt.

Zwar noch recht unwirsch, aber dann doch gelassen, fügt er sich in seine Sendung. Seine Mutter weiß so gut wie er, was in ihm steckt, denn sie gibt den Dienern vorab Anweisung, alles für das Weinwunder vorzubereiten, das dann vonstatten geht.

Ob gerade es Sinn macht und geeignet ist, diese so bedeutsame Entwicklung einzuleiten, drängt sich als zweifelnde Frage auf. Zumal alle anderen Evangelisten, womöglich Sinnfälligeres an den Anfang von Jesu Auftritt als Messias setzten.

Und doch scheint mir die Liebe zwischen zwei Menschen, die hier in einer Hochzeit gefeiert wird, die rechte Kunde vom kommenden Gottesreich zu sein. Sie vermittelt die Liebesbotschaft anschaulich, um die es dem Messias von nun an geht, indem sie gleichsam ein Fenster auftut ins Reich der Glückseligen.

Nie sind wir dem Himmel näher als im Bannstrahl der Liebe. Unzählige Lieder künden davon und eines möchte ich nun zu Gehör bringen. Es ist ein altes französisches Lied und ich lade Sie ein, mit mir zu singen.

Plaisir d'amour...

Plaisir d'amour ne dure qu'un moment
Chagrin d'amour dure toute la vie

The joys of love are but a moment long
The pain of love endures the whole life long

Your eyes kissed mine, I saw the love in them shine
You brought me heaven right there when your eyes kissed mine

Plaisir d'amour ne dure qu'un moment
Chagrin d'amour dure toute la vie

Der Liebe Glück währt nur im Augenblick,
Der Liebe Schmerz währt ein ganzes Leben lang.

In deinen Augen sah ich der Liebe Schein.
Du zogst mich mit dir in den Himmel der Liebe hinein.

Plaisir d'amour ne dure qu'un Moment
Chagrin d'amour dure toute la vie.

*

Das Lied entstammt dem romantisch geprägten 18. Jahrhundert. Es ist wohl eines der bekanntesten Evergreens, und begleitet unsere Kultur bis in die heutige Zeit hinein. Das Lied wurde und wird in unzähligen Fassungen gesungen.

Es geht darin, wie unschwer zu erkennen ist, aber nicht nur um die Glückseligkeit der Liebe, sondern auch um das Leid, das damit verbunden zu sein scheint. Jedenfalls erleben es viele Menschen so. – Ich würde fast sagen, es sind die meisten.

Die Liebe ist ein flüchtiger Gast auf Erden. Ein Gast, der nur schwer zu halten ist. Darüber wurde ebenfalls viel nachgedacht und mancherlei versucht – daran etwas zu ändern. Mit eher mäßigem Erfolg.

Dort, wo Liebe zur Grundlage der Ehe wurde, schien ihr noch die sicherste Dauer gewährt. Dies ist jedoch ein relativ später Fortschritt der Menschheitsgeschichte. Und bis heute hält sich hartnäckig die Ansicht, dass Ehe und Liebe auf Dauer nicht recht zusammen passen.

Wir wissen es alle, Liebe war und ist eher ausnahmsweise die eheliche Basis. Ganz andere Aspekte des Zusammenlebens waren und sind viel bedeutsamer und das ist vielleicht sogar ganz gut so.

Wohl verstanden – mir ist die Liebe heilig und ich freue mich jeden Tag an ihr, den Gott werden lässt, obwohl ich bis heute nicht begreife, was sie immer wieder auslöst. Ebenso wie ich nicht fassen kann, wenn statt lodernder Flammen kalte Asche mich umweht.

Warum lässt sich Liebe so schwer festhalten?

Ein guter Grund ist gewiss, dass wir uns Illusionen über einander machen, dass wir einander idealisieren und dann notwendig enttäuschen.

Aber da ist noch ein anderer Grund, den uns Sigmund Freud benannt hat (und nicht nur der, doch er hat ihn analysiert.)

Wir sind für die Dauer der Liebe nicht eingerichtet. Es ist uns nicht gegeben, die Liebe zu ertragen, wenn sie währt und andauert.

Nur im Kontrast lieben wir, - so Freuds Einschätzung und mir scheint, er hat damit womöglich recht. Zumal überall dort, wo Liebe mit Verlangen gekoppelt ist.

Denn wäre die Liebe, die sich dem Verlangen unterwirft, die einzige Form der Liebe, dann wäre es um uns schlecht bestellt.

In dem Psalm eingangs, - (diesmal aus dem ‚Hohe Lied') - klang eine ganz andere Form der Liebe an, nämlich die Liebe zwischen Sulamith und ihrer Mutter. Wie sie voller Bewunderung von dem in Sulamith verliebten Salomo gesehen wurde. Sie schmälerte sein Verlangen keineswegs – (wenn es denn Salomo war, der hier den männlichen Part des Liedes übernahm.)

Wie also steht es um die Mutterliebe? Wie um die kindliche Liebe?

Maria kennt ihren Sohn, vielleicht besser als der sich selbst und traut ihm das Wunder zu, das er dann widerwillig vollbringt, indem er das Wasser zu Wein verwandelt, und damit seine Sendung öffentlich macht.

Marias Liebe dauert trotz Abfuhr an und lässt sich nicht abwimmeln. Aber ist diese Liebe auch ähnlich beglückend, oder ist sie nicht vielmehr von Sorge überschattet? Sorge, die nun ständiger Begleiter bleibt?

Sie ist es bis ans bittere Ende.

Nicht nur bei Jesus, das wissen alle Mütter, ganz gleich wie gelungen die Lebensläufe ihrer Kinder sind, überwiegt die Sorge um deren Wohl und Wehe.

Nur die Kinder dürfen sich in der mütterlichen Liebe ganz geborgen fühlen. Jedenfalls, solange sie noch nicht flügge sind.

Ja, liebe Gemeinde, die Liebe ist unvollkommen, wo auch immer sie sich findet. Sie ist so unvollkommen wie diese Welt und doch trägt uns die Gewissheit ihrer Vollkommenheit in Gott.

Davon kündet Jesus im ersten Wunder seiner Sendung, als er Wasser in Wein verwandelte, und damit ein Zeichen der Verbindung von Himmel und Erde setzte, das uns in seiner Unfassbarkeit bis heute bewegt.

Und der Friede Gottes, welcher höher ist als alle Vernunft, bewahre eure Herzen und Sinne, in Jesus Christus, unserm Herrn.

Amen

***

Predigt: Marias Lobgesang (Lk 1, 46-55)

Gnade sei mit euch und Friede von Gott, dem Vater, und unserem Herrn Jesus Christus. Liebe Gemeinde.

Ich weiß nicht, ob es Ihnen auch so ergeht, aber mich berührt die Geschichte vom Besuch der Maria bei Elisabeth jedes mal wieder neu. Vielleicht deshalb, weil ich dadurch an die Schwangerschaften meiner lieben Frau erinnert werde und an das Glück, das wir als junge, werdende Eltern empfanden.

Da begegnet einem ein ganz anderer Reichtum, eine ganz andere Art der Fülle. Alles scheint auf einmal so leicht, so machbar, so selbstverständlich, und doch geht es immer auch um Leben und Tod, ist das Risiko unwägbar.

Moderne Medizin kann viel, aber doch nicht alles. Das wissen junge Eltern. Und trotzdem:

das Glück, die Vorfreude, die Sehnsucht
nach Vollendung der Verheißung,
nach Erfüllung der Erwartung;

Sie wachsen von Tag zu Tag. Gerade so, wie das neue Leben im Leib der werdenden Mutter heranwächst.

Ja, liebe Gemeinde, liebe Mütter hier im Raum, erinnert euch - dies junge Leben hüpft, schlägt Purzelbäume, kichert, gluckst, lacht, strampelt, erschrickt und weint - lange vor dem ersten Blick in die kalte, harte Welt unserer Wirklichkeit.

Als Elisabeth den Gruß Marias hörte, hüpfte das Kind in ihrem Leib. Und Elisabeth wurde vom heiligen Geist erfüllt -

So hörten wir in der Lesung zum heutigen vierten Advent. Gemeint ist mit dem **vierten** Advent, dass es nun soweit ist, dass die Zeit der Schwangerschaft erfüllt ist und das Warten ein Ende hat, weil die Geburt nun jederzeit erfolgen kann.

Der Besuch Marias bei Elisabeth, die ja ebenfalls schwanger ist, mündet in eine der schönsten und berührendsten Hymnen, die wir kennen:

Marias Lobgesang.

Er setzt ein mit einem Jubel aus tiefstem Herzen und ganzer Seele. Eine Frau drückt sich und ihre unbändige Freude darüber aus, was ihr widerfahren ist, was sie gerade erlebt und was ihr geschieht.

Freilich ist es ein besonderes Kind, das da erwartet wird. Ein Kind, über das geweissagt und geredet wurde, lange bevor es auf der Welt war.

Aber ist dies wirklich so anders, ist das Rätselraten und Weissagen so anders als das, was alle jungen Eltern erleben?

Nein, es ist gerade der allgemeine Jubel einer **Mutter**, der berührt. Denn jede werdende Mutter fühlt das große, das ganze, das alles erfüllende Glück, wie es ihren Leib ausfüllt. Fühlt es auch dann, wenn die äußern Umstände alles andere als günstig sind.

Denn das waren sie bei Maria weiß Gott nicht. Kaum sechzehnjährig – schwanger; ohne eigenes Zutun, gebunden an Josef, einen väterlichen Freund, ohne die große Liebe.

Es gibt da verschiedene Ebenen und die passen ganz selten zusammen. Beinahe untrennbar sind mit Schwangerschaft und Geburt eines jeden Kindes materielle Not und ungünstige äußere Umstände verbunden. Ganz passt so ein werdendes Kind in fast keines der Elternleben hinein. Plötzlich ergeben sich Umstände, mit denen nicht zu rechnen war. Und doch nimmt die Natur ihren Lauf, das werdende Leben lässt sich nicht wieder abbestellen.

So taumeln junge Eltern wie im Rausch dahin. Aus unbändigem Jubel stürzen sie in abgrundtiefe Verzweiflung. Ohnmächtige, wahnhafte Wünsche erwachsen aus der Verzweiflung und überfallen die Wehrlosen, für die nur die Flucht nach vorn bleibt.

So auch bei Maria: *mein Geist freut sich Gottes* - heißt es einerseits bei Maria. *Er hat große Dinge an mir getan.*

Um dann umzuschlagen in hilflose Wut über die Ungerechtigkeit der Welt. An Gott ergeht die Forderung er möge - *die Gewaltigen vom Thron (stoßen) und die Niedrigen (erheben).*

Die Hungrigen mit Gütern (erfüllen) und die Reichen leer ausgehen (lassen).

So könnte man diese Verse einordnen. Man könnte sie als Ausgeburten der ohnmächtigen Wut begreifen. Und sicher läge man damit nicht ganz falsch.

Ich glaube, junge Eltern in Not wissen wovon ich rede. Sie kennen diese plötzlich aufflammende Wut angesichts der Ungerechtigkeiten in dieser Welt. Gerade dann, wenn man so arg betroffen ist und sich derart wehrlos und ausgeliefert weiß wie in dieser Situation kurz vor der Niederkunft.

Doch Maria ist womöglich gar nicht verzweifelt. Irgendwie weiß sie sich trotz aller widrigen Umstände in Gott geborgen.

- *er hat große Dinge an mir getan, der da mächtig ist und dessen Name heilig ist.*

Und seine Barmherzigkeit währt von Geschlecht zu Geschlecht bei denen, die ihn fürchten.

– so steht es bei Lukas in Luthers Übersetzung.

Die Ungerechtigkeit der Welt kann Maria letztlich nichts anhaben. Maria schildert sie deshalb, weil in ihr die Überzeugung wächst, dass damit das letzte Wort nicht gesprochen ist.

Zunächst wird Gott für sie und ihr Kind einen Weg finden, das Leben zu meistern. Sie ist sich um so sicherer, als ER es ihr im Traum versprochen hat.

Marias Anwürfe gegen die Mächtigen der Welt erscheinen dennoch lächerlich. - *er stößt die Gewaltigen vom Thron und erhebt die Niedrigen* –

Ganz gleich wohin man auch schaut, ob in den Tagen Marias oder heute. Ein solcher Satz ist doch blanker Unsinn.

Wenn die Gewaltigen von ihren Thronen stürzen, dann bestimmt nicht deshalb, weil die Niedrigen, die Ohnmächtigen es so wollen, sondern deshalb, weil ein Konkurrent nachhalf oder ein äußerer Feind.

So ist jedenfalls ist die landläufige Meinung, denn so verhält es sich doch wohl im allgemeinen. Ist es nicht so, liebe Gemeinde?

Und doch ...

und doch ...

wurde die jüngere Geschichte nicht von gewaltigen Revolutionen geprägt, in denen sich gerade die Niedrigen erhoben, um eben die Gewaltigen von ihren Thronen zu stürzen?!?

Spätestens seitdem kann Marias Aussage in einem völlig neuen Licht erscheinen. Gleichsam als eine Weissagung und die Vorwegnahme der blutigen Französischen Revolution von 1789. Oder die noch blutigere Russische Oktober-Revolution von 1918. – Um nur zwei Beispiele unter vielen zu nennen, wo die Niedrigen die Gewaltigen von ihren Thronen stürzten.

Ja, liebe Gemeinde, ich habe lange überlegen müssen, bis mir etwas einfiel, das Marias Aussage nicht als wahnhaften Wutausbruch, sondern als Weissagung plausibel wirken lässt. Ich denke vor dem Hintergrund solcher historischen Tatsachen, erhält Marias Weissagungen (Wünsche mag man sie nicht nennen!) eine neue Ernsthaftigkeit, die uns alle angeht.

Es drängt sich nun die Frage auf, ob oder wieweit Marias unschuldiger Lobgesang für den Verlauf der Geschichte ganz oder doch teilweise verantwortlich ist. Gleichsam als Self-fulfilling Prophecy – als eine sich selbst erfüllende Prophezeiung.

Aber das ist eine zu komplizierte Frage, um sie hier auf die Schnelle zu bearbeiten.

Die Frauen - das weibliche Geschlecht - auf ihrem Weg zu Selbstentdeckung und Gleichberechtigung - haben Marias Lobgesang neu interpretiert und eher auf die hier angedeutete, tiefsinnige Weise verstanden und für sich in Anspruch genommen.

Maria drückt auf ihre Weise die Macht der Schöpferin aus, die in jeder Frau steckt. Um so mehr, als Maria sich vom Geist und von der Menschseitigkeit Gottes ganz und gar erfüllt weiß. Es ist Gottes Sohn selbst der in Marias Leib zu seinem menschlichen Erdenleben heranreift.

Es gilt, Maria neu zu entdecken und ihre Rolle für den Weg der Verheißung des Gottesreichs richtig zu sehen.

Vielleicht irrte der von mir hochverehrte Martin Luther hier ein wenig, vielleicht schüttete er das Kind mit dem Bade aus, bei seiner Abkehr von dem Heiligen-Unwesen seiner Zeit.

Vielleicht hätte er besser daran getan, Maria – besonders Maria, die Mutter Gottes, aber auch Elisabeth, die Mutter des Täufers, oder auch Maria Magdalena (von Magdala) und manche der vielen anderen Frauengestalten der Bibel, dort zu belassen, wo die vorprotestantische Tradition sie sehen will – als Heilige in Gottes Nähe.

Ja, liebe Gemeinde, es ist an uns, Maria an dem angemessenen Platz zu erkennen und damit zugleich einen Schritt auf unsere katholischen Schwestern und Brüder hin zu tun. Sie warten darauf. Auch das ist Advent!

Und der Friede Gottes, welcher höher ist als alle Vernunft, bewahre eure Herzen und Sinne in Jesus Christus. Amen

Das Magnifikat (Meine Seele erhebt den Herrn)
(nach Einheitsübersetzung u. Luther, Melodie UGD, Nov 2009)

0 D D A D

Meine Seele erhebt den Herrn,(46)
G D A

Und mein Geist ist voll Jubel über Gott, meinen Retter;(47)
D D A D

Denn ER hat gnädig geschaut,(48)
G D A

Auf seine arme Magd.
G A e D G
Von nun an preisen Geschlechter mich glücklich.
e A D
Denn der Mächtige hat mir Großes getan,(49a)
e A D
/Heilig ist sein Name./(49b)

Allen die ihn fürchten und ehren,(50)
Schenkt ER Erbarmen von Geschlecht zu Geschlecht
Sein starker Arm vollbringt machtvolle Taten:(51)
ER macht die Pläne der Stolzen zunichte;
Er stürzt die Mächtigen von ihren Thronen(52)
Und bringt die Armen zu Ehren;
/Heilig ist sein Name./(49b)

Die Reichen lässt er leer ausgehen,(53)
Die Hungrigen beschenkt er mit seinen Gaben.
Er nimmt sich seines Knechtes Israel an(54)
Und denkt an sein Erbarmen,
Das er unsern Vätern verheißen hat,
Abraham und den Seinen.(55)
/Heilig ist sein Name./(49b)

***

Predigt: Vom Himmel auf Erden (1 Petr 1, 3-9)

Gnade sei mit euch und Friede von Gott dem Vater und unserem Herrn Jesus Christus. Liebe Gemeinde.

Glauben ist nicht Wissen. Glauben ist Hoffen. So habe ich mir das immer zurecht gelegt, wo es um das Jenseits geht. Denn vom Jenseits weiß ich nichts. Hoffen aber kann ich immerhin. Jeder kann darauf hoffen, dass da mehr ist. Dass da mehr als das unendliche leere Nichts ist. Dieses drohende Nichts, zu nichts gut als um darin für immer zu vergehen.

Vielleicht geht oder ging es Ihnen da ähnlich. Irgendwie ist mir das immer viel zu dogmatisch, wenn manche Leute davon schwärmen, wie stark sie im Glauben sind. Wie fest sie an den Himmel glauben.

Klar, wünschen tut man ihnen von Herzen, dass sich diese Tür einst auftut, dass sie in den Kreis der Glückseligen aufgenommen werden, dass sie im Reigen der Engel willkommen sind. Vorstellen aber kann ich mir das nicht.

Und doch drängt Petrus seine Freunde und Glaubensgenossen in den fernen Gemeinden von Kappodozien, Bithynien, Galatien oder Pontus – und andere ferne asiatische Gemeinden dieser jungen Christenheit dazu, eben gerade an diesem Jenseitsglauben festzuhalten und gegen alle Anfechtungen zu bewahren. Der Auferstandene hat es vorgemacht. Seine Nachfolge gilt es anzutreten.

Petrus möchte, dass die Glaubensgenossen den Blick schon jetzt auf die unbeschreiblichen Freuden lenken, die uns Gläubige einst erwarten. Das Ziel des Glaubens und die Seligkeit der Seelen gilt es schon jetzt im irdischen Leben fest im Blick zu haben. So lautet seine Botschaft. Wir hörten davon in der Lesung zum heutigen Sonntag.

Wie gesagt, ich tue mich mit solch einem Dogma schwer. Es wäre schön, wenn die verheißene Seligkeit dereinst einträfe. Ich würde mich darüber bestimmt freuen, wenn ich daran teilhaben dürfte. Aber irgendwie geniert mich diese Vorstellung auch.

Wie kann man sich nur wünschen, zu einem so exklusiven Zirkel gehören zu wollen? Irgendwie kommt mir das ganz schön egoistisch vor. Was ist mit all den andern? Was geschieht denen, die nicht zum Zirkel der Auserwählten gehören?

Und weiter frage ich mich, wieso wir im Himmelreich so reich belohnt werden und weshalb zugleich in unserer Welt so vieles im Argen liegt?

Ich, liebe Gemeinde, wünsche mir, dass von dem Himmelreich ein wenig herabregnet auf unsere gute alte Erde. Das wünsche ich mir. Ich wünsche mir, dass wir hier und heute Anteil haben an dieser kommenden Verheißung. Aber eben nicht als Glaube, nicht als Dogma, über das wir selbstherrlich verfügen, sondern als Verwirklichung.

Ich wünsche mir, dass wir am Reich Gottes Anteil haben in unserem Leben; auf dieser Erde - hier und jetzt. Ich wünsche mir, dass das Reich Gottes Wirklichkeit wird. Ich wünsche mir, dass wir daran Anteil bekommen, während unseres wirklichen und irdischen Lebens.

Das wäre dann das Glück, für das es sich wirklich lohnt, die Ärmel aufzukrempeln und ans Werk zu gehen. Dafür, liebe Gemeinde, finde ich, lohnte es sich, viel zu tun. Dafür könnte man alles geben.

Ja, ich wünsche mir, schon jetzt dabei zu sein. Ich wünsche mir, dabei mitmachen zu dürfen. Ich will mitmachen an der Verwirklichung des verheißenen Himmelreichs. Das wäre genau das, wofür es sich zu leben lohnt.

Ich bewundere die Leute, die sich für ihre Sache bedingungslos einsetzen; die Ernstmachen mit ihrem Anliegen und sich nicht mehr vertrösten lassen. Leute wie Albert Schweitzer, wie Mahatma Gandhi oder Martin Luther King, wie die namenlose Schwester im Pflegedienst oder der selbstvergessene Rapper am Straßenrand. Ich bewundere die Menschen, die in der festen Überzeugung leben, das Richtige zu tun. Deren Begeisterung fasziniert mich. Ich kann mich nicht satt sehen an ihren strahlenden Augen, den befreiten, glücklichen Gesichtern, diesen gelösten, ja erlösten Gesichtern.

Da schlägt mein Herz höher, da merke ich auf. Und da beginnt auch mein Glaube. Da setzt er ein. Denn da hat er auf einmal eine Wirklichkeit, die nicht von der Hand zu weisen ist. Das sehe ich nämlich. Das kommt mir zu Gesicht. Da kommt was rüber.

Ich habe diese glücklichen Menschen vor mir. Und auch dann, wenn sie mir unbequem werden. Auch dann, wenn ich Zweifel habe, ob denn alles richtig bedacht ist, ob es mit den Zielen und Ideen wirklich all das Erhoffte auf sich hat. Selbst dann noch reißt die Begeisterung mich mit sich und ich spüre ein wenig von dem Feuer, von der Glut der Liebe, die aus ihnen dringt.

Ja, liebe Gemeinde, gerne gebe ich es zu: Das Dogma vom ewigen Leben nach dem Tod, von der verheißenen Glückseligkeit eines ewig währenden Lebens, lockt mich nicht, sondern macht mir eher Angst. Ich kann es mir nun mal nicht vorstellen, das ist mein Problem. Ich halte dieses Ziel unseres Glaubens für so etwas wie ein Ablenkungsmanöver. Einzig dazu da, uns zu beschwichtigen. Dass wir hier und heute JA und Amen sagen zu den vorgefundenen Lebensverhältnissen und zu dem zementierten Unrecht und zu der strukturellen Gewalt, die die vielen Armen unten hält und die wenigen Reichen oben.

Auch bin ich der festen Überzeugung, dass Petrus seine Botschaft überhaupt nicht in diesem Sinne verstanden wissen wollte. Er wollte seine Brüder nicht vertrösten auf ein eigentliches Leben im Jenseits.

Aber trösten wollte er sie schon. Denn sie hatten Trost bitter nötig.

Machen wir uns klar, in was für Verhältnissen diese jungen christlichen Gemeinden lebten. Selbstverständlich waren das in ihrer Mehrzahl Weltverbesserer und Revolutionäre. Selbstverständlich waren dies Leute, die die Gesellschaft, in der sie leben mussten, von Grund auf verändern wollten. Dies war ihr Ziel. Das war genau das, was sie wollten. Und da sagt Petrus ihnen –sinngemäß - zum Trost:

Seid nicht zu hart mit euch, verurteilt euch nicht, wenn ihr scheitert. Euer Bemühen wird belohnt, auch dann, wenn ihr zu scheitern meint. Denn in eurem Bemühen selbst steckt der Lohn. Begreift das Glück, das aus eurem Bemühen erwächst. Eure Begeisterung, euere Liebe, die so heiß in euch brennt, ist selbst schon Gottes Lohn. Begreift dies, wenn ihr wollt, als Vorwegnahme dessen, was einst kommen wird. Gottes Verheißung ist euch in Leid und Auferstehung Christi zugesagt worden. Sie wird euch nun schon zuteil in eurem Streben. Ihr bringt die Menschheit auf den Weg, so wie Moses das auserwählte Volk. Auch wenn er selbst das Land nie erblickte, in dem Milch und Honig fließen. Auch wenn ihr Gottes Verheißung nicht mehr erlebt, so werdet ihr doch Anteil an ihr haben, denn auch der kleinste Windhauch entfacht einen großen Sturm. Tut das eure, dann gibt Gott das seine hinzu. Für euern Beitrag an der Verwirklichung des Gottesreichs ist euch reicher Lohn gewiss. Ja, tut das eure, dann gibt Gott das seine reichlich dazu. Die Seligkeit des Augenblicks der Hingabe und Liebe ist schon das Himmelreich, ist ja schon die ganze große Glückseligkeit.

So verstanden erhält die Botschaft von Petrus erst ihren tieferen Sinn. Losgelöst von der Lebenswirklichkeit der jungen Christenheit mag es so scheinen, als habe Petrus seine Brüder davon abbringen wollen, die Welt als den Ort des christlichen Strebens zu sehen. Doch damit tut man Petrus unrecht. Trösten wollte er wohl, nicht aber **ver**trösten! Rückschläge und Enttäuschungen gab es genug in der harten Wirklichkeit des Römischen Reiches. Schwer gingen die Völker unter der Knute Roms. Es wäre völlig falsch, wenn man die Botschaft des Petrus als Beschwichtigung und als Vertröstung begreifen würde.

Religion bedeutete bei Petrus nicht Opium für das Volk. Als was sie dann später eingesetzt wurde. Keiner der Apostel verriet das Evangelium. Der kämpferische Petrus am allerwenigsten. Das taten später andere - leider.

Das Reich Gottes, liebe Gemeinde, ist immer nur einen Wimpernschlag von uns entfernt. Überall da, wo Hingabe unser Tun beflügelt. Überall da, wo wir mit Kraft und Phantasie schöpferisch tätig werden. Überall da, wo wir das Gemeinwohl fördern – **in der Kraft unserer Liebe** - scheint das Reich Gottes auf. Und wir selbst – wir selbst treten schon ein. Ja, liebe Gemeinde – wir selbst treten ein in den Kreis der Glückseligen.

Und der Friede Gottes, der höher ist als alle Vernunft, bewahre eure Herzen und Sinne in Jesus Christus.

Amen

***

Predigt: Mission und Diakonie (Apg 6, 1-7)

Gnade sei mit euch, und Friede von Gott, dem Vater, und unserm Herrn, Jesus Christus. Liebe Gemeinde.

Bei der Vorbereitung auf die heutige Predigt, bin ich über einen Gegensatz gestolpert, den ich so bislang überhaupt nicht zur Kenntnis genommen habe. Dieser Gegensatz geht bis auf die Frühzeit der Christenheit zurück. Das heutige Bibelzitat handelt davon.

Dem Gegensatz liege eine Teilung zugrunde, aus der dann sogar eine Trennung wurde, die bisweilen dazu noch als Konkurrenz sichtbar wird. Und eben hier in dem heutigen Zitat aus der Apostelgeschichte, sei diese Spaltung begründet worden, um seither die Christenheit – ja man kann schon so sagen – **plagt**. Auf jeden Fall aber begleitet.

Dabei hat alles doch recht harmlos begonnen.

Einige Gemeindemitglieder in Jerusalem oder wo es auch war, fühlten sich benachteiligt bei der täglichen Austeilung der milden Gaben. Der Missstand wurde im engeren Kreis der Apostel diskutiert, eine Lösung musste herbei und wurde gefunden, indem sieben Diakone bestallt wurden, welche die Apostel entlasten sollten. Denn die fühlten sich von der Fülle ihrer Aufgaben überfordert.

Die einschneidende Spaltung der kirchlichen Aufgabengebiete in Mission und Diakonie nimmt ihren folgenschweren Anfang, just hier.

Was bei Jesus problemlos unter einen Hut zu kriegen war, bricht auseinander.

Diese Spaltung ist beileibe nicht die einzige geblieben, welche die Kirche - und später dann die **Kirchen** - erfahren. Aber so oft sich auch reformerische Kräfte durchgesetzt haben, hinter die einmal vollzogene Spaltung führte kein Weg mehr zurück.

Mission und Diakonie gehen getrennte Wege.

Was bei Jesus Christus noch eins war und untrennbar zusammen gehörte, das wird nun aufgespalten, und mit wechselnden Dringlichkeiten versehen.

Die tätige Kirche, die die Welt durchdringt, und die sie verbessern und heilen möchte. –

Die tätige Kirche, die die Menschen von ihren Leiden befreit und ihre Nöte lindert. –

Diese tätige Kirche wird immer wieder auf ein Abstellgleis geschoben, oder in Enklaven eingeschachtelt, wo sie vergleichsweise gefahrlos Gutes tun darf.

(Die zahllosen Klostergründungen sind hier zu nennen und später dann die karitativen Bewegungen, etwa der Beguinen oder auch die Pietisten - uvm. – so auch die Kirche der Armen in Südamerika. - Bis hin zur modernen Diakonie, die sich um Kranken-, Alten-, Kinder-, Waisen-, und Behinderten-Pflege und –Betreuung bemüht. Wobei sich über die Qualität dieser Güte gewiss gut streiten lässt. Viel Borniertheit und Aggression ist untergründig oft am Werk gewesen.)

Es gab immer wieder Bestrebungen, aus den Enklaven auszubrechen und hin zu den Wurzeln des Leids der Menschen zu gelangen, doch so recht erfolgreich schaffte dies in Wirklichkeit niemand. Die Nächstenliebe stößt an enge Grenzen, wo die System-notwendige Ausbeutung der unteren Klassen betroffen ist.

Die Herrschenden schufen sich in der verkündenden Kirche ein wichtiges Herrschaftsinstrument. Deshalb wird die tätige Nächstenliebe eng auf karitative Bereiche beschränkt.

Jesus hat auch gepredigt, ganz ohne Zweifel. Seine Predigten sind unvergleichlich. Und wie sehr er auch zum Vorbild genommen wurde, selbst nahe Geister wie Paulus taten sich bereits schwer, seine durchdringende Tiefe einzuholen. Von den Millionen von Predigten gar nicht zu reden, die im Verlaufe der Kirchengeschichte geschrieben und auch gehalten wurden.

Doch Jesu Predigten waren nur ein kleiner Teil seiner Tätigkeit und begleiteten seine Wundertaten, die den Menschen die Augen öffneten und den Geist befreiten, um sich beizeiten ein Leben im Reich Gottes zu organisieren, soweit es denn im Vorgriff möglich wurde. Verheißen war dieses Reich allemal.

Das Reich Gottes stellte sich alsbald als uneinholbare Herausforderung dar. Und vielleicht ließ sich die Aufspaltung überhaupt nicht verhindern, die die Apostel vorgenommen haben. Nicht nur weil die Gemeinde zu groß und unüberschaubar wurde, sondern weil der Alte Adam sein schnödes Haupt immer wieder erhob. Da brauchte es schon bald der Verwaltungsfachleute, um den Belangen des Alltags gerecht zu werden.

Das Problem war vielleicht, dass die Fachleute vom Geist Gottes nur unzureichend durchdrungen wurden, aber das war auch auf Seiten der verkündenden Kirche nicht viel anders.

Es rächte sich dort alsbald, dass man vom Guten nur mehr redete, statt es auch zu tun. Während umgekehrt das geistlose Tun dürre Früchte trug.

Prediger kündeten mit frommem Augenaufschlag vom guten Gott, ohne einen Finger zu rühren. Sie redeten von der Nachfolge Christi, aber sie bewegten ihre Beine nicht, oder doch viel zu wenig.

Was folgt nun aus dem aufgezeigten Dilemma, liebe Gemeinde? **Prägt die Spaltung von Mission und Diakonie das Leben auch unserer Gemeinde?**

Handeln wir alltäglich geistlos und ergehen uns sonntäglich in leeren Worthülsen? Ich denke nicht. Der gemeindliche Alltag besteht aus einer Fülle von Unternehmungen verschiedenster Art. Und sicherlich kommt dabei dem Gottesdienst eine wichtige Rolle zu, ebenso wie der Predigt darin, zumal so manche unseres begnadeten Pfarrers, Thomas Diemer, dem immer mal wieder die Quadratur des Kreises gelingt, indem er das Getrennte eint.

Viele Menschen bringen sich ein und haben manch Gutes davon. Ich spare mir all die Projekte aufzuzählen, die direkt oder indirekt hier wurzeln und gedeihen, ohne die unsere Welt ein klein wenig ärmer wäre.

Die Welt heben wir nicht aus den Angeln.
Und das Reich Gottes hat uns nicht einverleibt.
Aber manchmal tut sich ein Fensterchen auf.
Und es ist mir eine große Freude, davon singen und sagen zu dürfen.

So wollen wir nun noch einmal dem Sommer Adieu wünschen mit Paul Gerhards wunderschönem Lied: EG 503, **Geh aus mein Herz, und suche Freud**.

Vielleicht kommt uns ja der Garten vor der Tür im ersten Vers dabei in den Sinn und auch die Bienen im Sechsten, während die folgenden vom vorweg genommenen Blick ins himmlische Reich künden. (1, 6, 9, 10, 14)

Noch gibt es übrigens reichlich authentischen Turm-Honig, dem wahrlich himmlischen Gaumenschmaus!

Und der Friede Gottes, welcher höher ist als alle Vernunft, bewahre eure Herzen und Sinne in Jesus Christus, unserm Herrn.

Amen.

***

Predigt: die Neue Welt (1.Petr 2, 2-10)

Gnade sei mit euch, und Friede von Gott, dem Vater, und unserm Herrn Jesus Christus, liebe Gemeinde.

Der Erste Brief des Petrus, von dem die heutige Predigt handelt, atmet den Geist der sogenannten **Naherwartung**. Wir haben es mit Menschen zu tun, die in etwa Zeitgenossen des Auferstandenen waren, die ihn allerdings nie selbst erlebt hatten. Sondern zumeist aus entlegenen Gebieten Kleinasiens stammten, wo sie sich zu Gemeinden zusammen schlossen.

Diese Gemeinden standen unter dem Einfluss von christlichen Missionaren. Einer von ihnen ist eben jener Petrus aus dessen Brief die Lesung kündete.

Welcher Geist erfüllt diesen Brief? Wie christlich ist er? Welche Strömungen jener Zeit klingen ebenfalls an?

Einige Stichworte lassen uns aufmerken, weisen sie doch auf ein ganz anders geartetes Weltbild hin. Ein Weltbild, das der Gnosis entstammt, deren verschiedene Ausformungen sich damals in Konkurrenz zum aufblühenden Christentum befanden.

Lassen Sie mich kurz einige bedeutsame Stichworte erläutern. Da ist zunächst die

Naherwartung:

In ihr wurzelt die Hoffnung auf das baldige Ende dieser Welt und die **Wiederkehr** Christi, mit dem **Gottesgericht** im Gefolge und einer nicht näher bezeichneten **Neuschöpfung**.

Alles Streben habe fortan diesem Ende zu dienen.

Gleichsam natürlich geht dieser Haltung eine gewisse Abschätzung des irdischen Lebens einher, das Christen und Gnostiker eint, wenn auch mit anders gearteter Begründung.

Ist es bei den Christen die Hoffnung auf eine wiederholende Neuschöpfung der Welt *(eine Art Rundumerneuerung)*, so sehnen die Gnostiker die Vernichtung der von Grund auf als verderbt verstandenen Welt herbei.

Christen setzen auf die entsühnte Welt, Gnostiker setzen auf die Befreiung von der Welt, und deren Vernichtung, da sie ihnen als Ausgeburt der dunklen Macht gilt. Alles Materielle ist ihnen von Übel.

Im nachfolgenden Zitat nun klingt die soeben beschworene gnostische Tendenz an:

Darum umgürtet die Lenden eures Gemüts, seid nüchtern und setzt eure Hoffnung ganz auf die Gnade, die euch angeboten wird in der Offenbarung Jesu Christi.

*Als gehorsame Kinder gebt euch nicht den **Begierden** hin, denen ihr früher in der Zeit der Unwissenheit dientet; sondern wie der, der euch berufen hat, heilig ist, sollt auch ihr **heilig sein in eurem ganzen Wandel.***

*Denn es steht geschrieben ‚**Ihr sollt heilig sein, denn ich bin heilig'**,*

*Und da ihr den als Vater anruft, der ohne Ansehen der Person einen jeden richtet nach seinem Werk, so führt euer Leben, **solange ihr hier in der Fremde weilt**, in Gottesfurcht; denn ihr wisst, dass ihr nicht mit vergänglichem Silber oder Gold erlöst seid von eurem **nichtigen Wandel**, nach der Väter Weise, sondern mit dem teuren Blut Christi als eines unschuldigen und unbefleckten Lammes.*

***Er ist zwar zuvor ausersehen, ehe der Welt Grund gelegt wurde, aber offenbart am Ende der Zeiten um euretwillen,**' [(1.Petr 1, 13-20)*

So steht es geschrieben im ersten Kapitel, unmittelbar vor der heutigen Lesung. Entscheidende Elemente der Gnosis klingen an. Etwa die Vorbereitung und Ausrichtung auf ein ganz anderes immaterielles Leben.

Christus habe sich eben nicht beschmutzt durch eine immer schon verwerfliche Leiblichkeit. Vielmehr geistert er als ewiger Christus durch dies Jammertal, dem er scheinbar zum Opfer fällt, das er in Wahrheit jedoch überwindet, und das heißt, er wird es bei seiner Wiederkunft vernichten.

Soweit also diese äußerst fragwürdige Tendenz, die uns aus dem Text entgegen weht.

[Zu nennen wäre weiter die entsagungsvolle **Leibfeindlichkeit**, sowie das **Gestoßensein in die Fremde**, ebenso die **Metapher vom Gold** in materieller Umklammerung; - dies alles sind typisch gnostische Erkennungsmerkmale.]

Wäre dies nun alles, was uns der Text bietet, dann könnten wir denselben samt und sonders beiseite legen, und womöglich aus dem Katalog der Bibel streichen.

Allein die Tatsache, dass dies nicht geschehen ist, weist über eine solche Interpretation hinaus, denn es waren die gestrengen Kirchenväter ja die unbarmherzigen Ausmerzer jeglicher Häresie. Und wenn sie den Text durchgehen ließen, dann deshalb, weil er ihnen nicht häretisch verwerflich erschien.

[Ich möchte anmerken, dass jene Kirchenväter für die Formulierung des Glaubensbekenntnisses verantwortlich sind. Man merkt diesem Text an, wie da um jedes Wort gerungen wurde, um den wahren Glauben widerspruchsfrei und passgenau in prägnanten Formulierungen zu fassen.

Revisionsversuche dieses Bekenntnisses stellen selten eine Verbesserung dar. Deshalb bekannten wir unseren Glauben heute nach dem originalen Konzilaarsbeschluss von Nizaea - Konstantinopel (‚das Original' EG 805.) Die dort gefundenen Formulierungen sind nicht nur hieb- und stichfest, sondern durchaus poetisch, was nicht selbstverständlich ist bei solch einem ausgefeilten Dekret.]

Doch zurück zu dem vorliegenden Petrusbrief:

Es gibt darin nicht nur die gnostische Tendenz, sondern auch eine dem Leben und der Welt positiv zugewandte Seite.

Wir finden sie einige Sentenzen weiter und zwar in dem - für den heutigen Sonntag vorgesehenen Teil, - wie er Ihnen zuvor, während der Bibellesung, zu Gehör gebracht wurde.

Die gegenläufige Tendenz des Petrus-Briefes lässt sich in einem allseits bekannten Erich-Kästner-Zitat zusammenfassen, das da lautet:

„Es gibt nichts Gutes, außer man tut es.“

In der Redewendung kommt eine positive, eine, der **Welt zugewandte** Haltung zum Ausdruck, die wir nun in dem Text auffinden wollen.

Wir wollen herausfinden, ob die Vernichtung der materiellen Welt Voraussetzung der Neuen Welt ist, oder ob die Transformation der bestehenden Welt erstrebt wird.

Denn es macht doch einen erheblichen Unterschied, ob ich die gesamte materielle Welt auslösche, oder ob sich deren Verbesserung lohnt.

Die Frage lautet also, ob Jesus als **Zerstörer**, oder als **Reformer** wieder zu uns auf die Erde kommt.

Im Petrusbrief nun klingt eine solche reformatorische Neuschöpfung im materiellen Sinne an, wo von den **lebendigen Steinen** die Rede ist. Und vom Aufbau eines **geistlichen Hauses**. Oder auch von den Möglichkeiten und Gegebenheiten des **auserwählten Geschlechts**, sowie auch von dem **heiligen Volk**, um nur einiges zu nennen.

In den genannten Wesenheiten verbirgt sich ja bereits die Neue Welt. Sie sind ja schon das Neue herabgefahrene Jerusalem. In ihnen können wir die Sucher erkennen – im Aufbruch **hin zu dem Land, wo Milch und Honig fließen** und wo der Himmel die Erde küsst und Gott den Menschen sein himmlisches Reich ganz irdisch offenbart.

Ich fasse zusammen:

Ziel der Geschichte der Menschheit ist **nicht** die Überwindung der Welt, und ihre materielle Vernichtung, wie uns Irrlehrer immer wieder weismachten.

Das menschliche Leben findet seinen Sinn **nicht** in der Missachtung und Geringschätzung oder Unterdrückung menschlicher Leiblichkeit.

Unser Leib und diese Welt sind schön und gut *(nun ja – relativ!)*; **und könnten noch besser sein** *(darin pflichten Sie mir gewiss bei, liebe Gemeinde.)*

An der Verbesserung der Welt und auch an uns zu arbeiten, ist unsere Aufgabe und unser Lohn, insofern uns solches Tun beglückt und dem Ziel näher bringt.

Ziel der Menschheitsgeschichte ist die heile, allseits entfaltete Welt, deren lebendige Bausteine wir Menschen sind, wie Petrus uns hier lehrt. Sicherlich keine ganz einfache Vorstellung.

Wir sind die ***lebendigen Steine*** **und Christus ist unser Baumeister**, heißt es bei Petrus. Er baut mit unserer Hilfe ***sein allumfassendes, ewiges Haus***. Er entbindet, was in uns Lebewesen steckt zum wahren und erfüllten Leben - lassen wir ihn gewähren. Sein Werk hat längst begonnen, wir sind ja mitten drin.

Amen.

Und der Friede Gottes, welcher höher ist als alle Vernunft, bewahre eure Herzen und Sinne, in Jesus Christus, unserm Herrn. Amen.

***

Predigt: Vom Gottesteilchen (1.Mose 8, 1-12)

Gnade sei mit euch, und Friede von Gott dem Vater, und unserm Herrn Jesus Christus. Liebe Gemeinde.

Ich weiß nicht, ob Sie es überhaupt mitbekommen haben. Im vergangenen Jahr wurde ein Physiker dafür ausgezeichnet, dass er das sogenannte **Gottesteilchen** entdeckt hat. Er erhielt dafür den Nobelpreis. Die Fachwelt war begeistert. Denn diese Entdeckung stelle eine ebenso große Revolution in Wissenschaft und Technik dar wie einst die berühmte Formel **E=MC²**, die Einstein aufstellte. Die hat zwar auch niemand so richtig verstanden, außer einigen Eingeweihten, aber ihre Anwendung erleben wir jeden Tag, sei's am Laptop oder am Flachbildschirm, denn hier sehen wir die praktische Nutzanwendung dieser Entdeckung.

Das **Gottesteilchen**, wie es genannt wird, ist in Wirklichkeit kein Teilchen. Deshalb heißt es auch richtiger das **Higgs-Boson**. Es ist benannt nach seinem Entdecker, dem Physiker Higgs. Ihm gelang es zum ersten Mal, dieses Phänomen unserer Wahrnehmung zuzuführen. Er war der erste, der auf Ereignisse hinwies, die im Rückschluss auf ein solches **Higgs-Boson** hindeuten. (ums mal vorsichtig auszudrücken.)

Ich hatte mir seinerzeit einen kleinen Artikel ausgeschnitten, hab ihn aber längst verloren, das muss so drei vier Monate her sein, wo von diesem sogenannten **Gottesteilchen** die Rede war. Und irgendwo in mir drin schlummerte und gärte diese Nachricht weiter, bis sie mir vor einigen Tagen zufällig wieder ins Gedächtnis gerufen wurde. Und zwar durch eine Rundfunksendung, wo es darum ging, komplizierte Sachverhalte in ein einhalb Minuten allgemeinverständlich darzustellen.

Als besondere Herausforderung kam in dieser Sendung die Sprache auf das **Higgs-Boson** und die Schwierigkeiten, die es macht, darüber auch nur irgend etwas Verständliches auszusagen. Zunächst, so hieß es, führe einen der Begriff **Teilchen** auf eine völlig falsche Spur.

In den Dimensionen, in denen sich diese Forschung bewegt, geht es unendlich klein zu. Die Objekte des Interesses sind unendlich winzig und ohne jeden Bezug zum Alltagsverstand, sowohl was die Größenordnung, als auch die zeitliche Dauer angeht.

Um diesen **Mikrokosmos** überhaupt unserer Wahrnehmung zu öffnen, bedarf es komplizierter Einrichtungen, deren Absicht es ist, die Verhältnisse der Entstehungsphase des Universums nachzubilden.

Dazu wurde in der Schweiz eine Art unterirdische Rennstrecke für Mikro-Phänomene eingerichtet, die gut zwanzig Kilometer im Kreis führt und in der masselose Teilchen (ein Widerspruch in sich) annähernd auf Lichtgeschwindigkeit beschleunigt werden.

Wie auch immer dies gelingt, Tatsache scheint inzwischen zu sein, dass unter den masselosen Teilchen eines ist, das über eine sensationelle Eigenschaft verfügt.

Diese Eigenschaft ist so sensationell, dass es der staunenden Wissenschaftswelt den Atem verschlug und nur mehr ehrfürchtiges Staunen blieb. Deshalb bürgerte sich eben der Name **Gottesteilchen** ein und ist nun nicht wieder zu tilgen, wie es scheint.

Das Higgs-Boson also ist das Gottesteilchen.

In der besagten Radio-Sendung nun gelang dem dort interviewten Wissenschaftler eine kaum weniger bestechende Beschreibung dieses **Higgs-Bosons** wie folgt:

"Das Higgs-Boson ist der Rockstar unter den Teilchen. Wo es auftritt, sammeln sich die Massen."

So griffig und zugleich so treffend wurde selten ein kompliziertes physikalisches Phänomen umrissen, wenn es denn tatsächlich zutreffend umrissen ist. Doch davon ist erst einmal auszugehen.

Waren die Physiker bisher ratlos vor der Tatsache gestanden, dass man es entweder mit Masse oder mit Energie zu tun hatte, so war nun das ‚Missing link' – das fehlende Glied - gefunden.

Im Higgs-Boson zeigt sich die Kraft, die die Materie schafft. –

Wo dieser „Rockstar" auftritt, da bildet sich Masse. (Masse, das ist die physikalische Bezeichnung für Materie.)

Im Higgs-Boson, so folgt daraus, begegnet uns **„die Kraft, die diese Welt im Innersten zusammen hält."**

Seit Jahrhunderten rätselte die Wissenschaft über dem Phänomen des Lichts, das einmal in Wellenform – masse-los - durchs Weltall eilt. Um dann als massive, winzige Kügelchen etwa unsere bloße Haut zu beschießen, oder die Vorhänge und Buchrücken auszubleichen und was dergleichen mehr ist.

Tritt ins Dasein der masselosen Energiequanten mithin das Higgs-Boson, dann bildet sich Masse, dann entsteht etwas, wo vorher nichts war.

Das Nichts, jenes unendlich weite All, von dem wir uns umgeben wissen, ist in Wahrheit ein Meer voller wogender Wellen unterschiedlicher Größe und Dauer, die zumeist mit Lichtgeschwindigkeit durchs All sausen. Zu ihnen gesellen sich jene Higgs-Bosonen oder Gottesteilchen, wie es gerade kommt und wenn das geschieht, dann entsteht etwas – jedenfalls der Anfang von etwas, was wir im Endeffekt dann mit Händen greifen können. Alles, was uns umgibt, entsteht auf diese Weise – immer zu und immer schon – was für ein Gedanke...

Ich stelle mir in meiner Einfalt die Higgs-Bosonen nun als Gottes Gedanken vor, oder als Nachhall seiner Worte, wie sie die Welt werden lassen, alles und jedes an seinem Ort und zu seiner Zeit.

Ob Gott darüber sauer ist, wenn einige seiner Gedanken in dieser Rennstrecke des CERN gefangen sind? (CERN - so heißt meines Wissens diese unterirdische Anlage, in der Nähe von Genf - dort in der malerischen Schweiz.) Ich denke nicht. Ich glaube, es freut ihn, wenn wir ihn besser kennen und verstehen lernen.

Und der Friede Gottes, welcher höher ist, als alles Trachten und Vermögen, bewahre eure Herzen und Sinne in Jesus Christus, unserm Herrn.

***

Predigt: Die Vision des Trito-Jesaja (Jes 60, 1-6)

Gnade sei mit euch und Friede von Gott, dem Vater, und unserem Herrn Jesus Christus. Liebe Gemeinde. Im dritten Teil des Jesajabuches finden sich vor allem messianische Weissagungen. Sie wurden und werden traditionell auf das Kommen unseres Heilands bezogen. Doch das ist womöglich nur teilweise angebracht. Denn es könnte durchaus sein, dass damit zum Beispiel das Kommen des Königreichs unter David und Salomo gemeint war. Das war, nach dem Bekunden der Chronisten, für Israel eine blühende Zeit.

Die Chronologie der Bibel ist nämlich keineswegs klar. Auch wenn aus den markanten Ereignissen, wie den Tempelzerstörungen und der babylonischen Gefangenschaft, auf den Zeitlauf rückgeschlossen werden kann.

Wie dem auch sei. Der **Trito-Jesaja**, von dem wir in der Lesung hörten, hat seine Prophezeiungen nachweislich schon um 200 v.Chr. zu Papier gebracht. – Das belegen Schriftstücke aus dem Qumranfund. Das schließt aber keineswegs aus, dass die Prophetien des Jesaja älter sind. Ja, dass sie womöglich viel älter sind. Umfasst das gesamte Buch, das uns als die Prophetie des Jesajas bekannt ist, doch um die 400 Jahre.

In diese Periode fallen all die Ereignisse, die in den **Chroniken**, in den **Büchern der Könige** und des **Propheten Samuel**, sowie in den **Psalmen** angesprochen werden. Es handelt sich hierbei also - zeitlich gesehen - um eines der Hauptstücke des Alten Testaments.

Doch vielleicht spielt es gar keine so große Rolle, worauf sich die Prophetien genau beziehen, denn wenn man sie wörtlich nimmt, dann wird schnell klar, dass sie bislang noch nicht eingelöst wurden. **Dem Königreich Davids und Salomos fehlte zum Glanz der Friede und dem Reich Jesu Christi fehlte die irdische Basis.** Sein Reich war nicht von dieser Welt. Und für Israel brach mit seinem Erdenleben eine dunkle Zeit an.

Es heißt dazu bei Jesaja 60:

Denn siehe, Finsternis bedeckt das Erdreich und Dunkel die Völker; aber über dir [gemeint ist Jerusalem] geht auf der HERR und seine Herrlichkeit erscheint über dir.(2) Und die Heiden werden zu deinem Lichte ziehen und die Könige zum Glanz, der über dir aufgeht.(3)

So hörten wir es in der Lesung zum heutigen Sonntag, liebe Gemeinde.

Ich kann gar nicht anders, und sicher geht es auch Ihnen so, als diese Worte auf unsern Herrn Jesus Christus zu beziehen. Und dann ist mit dem neuen Jerusalem ganz klar das von ihm verkündete transzendente Gottesreich gemeint. Dessen Wirklichkeit umgibt uns, auch wenn wir vorläufig nur hin und wieder einen Blick hinein werfen dürfen. So ist es gute, christliche Überzeugung.

Unermüdlich sind die Versuche der Öffnung. Immer wieder haben Menschen und Gemeinschaften es unternommen, ihre Wirklichkeit dieser Utopie anzugleichen oder doch wenigstens die Fenster und Türen zu diesem Reich hin offen zu halten. Um hinüber zu spähen, und sich inmitten des lärmenden Getriebes dieser Welt im großen Frieden dort zu versenken.

So kommt es vielleicht gar nicht so sehr darauf an, was der Prophet, der uns als **Trito-Jesaja** bekannt wurde, sich bei seiner Prophetie gedacht hat. Denn auch er konnte ja nicht in die Zukunft schauen, sondern nur über seine Visionen berichten. Und die werden wohl authentisch gewesen sein.

In seinen Visionen sah er all das, worüber er berichtete und das war eben das goldene Jerusalem, dem die Völker huldigten und die Könige sich beugten.

Das sind Bilder. Das sind Veranschaulichungen, um etwas auszudrücken, was unser Sprachvermögen übersteigt. Schwache Versuche sind es, um das in Worte zu kleiden, was Geist und Seele damals bis zum Bersten erfüllte.

Gottes Friedensreich wird in großen einfachen Strichen umschrieben und mit den damals geläufigen Bildern gefüllt. Aber es waren nur Veranschaulichungen, damit das Unsagbare überhaupt erst einmal fasslich werden konnte.

Unsere Propheten heute sind eher Wissenschaftler. Sie benutzen auch eine etwas andere Sprache. So der junge Karl Marx als er sich daran machte, uns sein Bild von der kommunistischen Gesellschaft zu malen. Das war lange bevor er dazu überging, die Gesellschaft wissenschaftlich zu analysieren und seine Klassentheorie zu entwickeln.

In den sogenannten Pariser Manuskripten (1844) begegnet uns ein wahrhaft biblischer Visionär. Dort werden dann die Überzeugungen begründet, die wir Christen **uneingeschränkt** teilen, wenn wir denn Christen sind.

Über die Machbarkeit der Prophetien ist damit nichts ausgesagt. **Prophetien sind Versuche, das Unsagbare in Worte zu kleiden und das Unfassliche zu begreifen**. Deshalb greifen sie stets zu kurz oder auch zu weit. Und ihr größtes Problem war es, dass die Menschen daran gingen, die Visionen eins zu eins zu übersetzen und zu versuchen, sie in die Wirklichkeit zu übertragen. Denn das führte historisch unweigerlich ins Abseits oder gar in die Katastrophe.

Müssen wir uns deshalb vor den Visionen der biblischen Propheten hüten? Hüten vielleicht nicht gerade. Aber auf jeden Fall sollten wir nicht so tun, als hätten wir uns den Anspruch auf die Teilhabe an dem dort Beschriebenen bereits erworben.

Nehmen wir uns das **uns** Machbare vor, liebe Gemeinde, denn wir können nicht alles zugleich tun. Bauen wir am Friedensreich Gottes, da, wo wir stehen und mit unseren Mitteln, mehr braucht 's ja eigentlich nicht.

Trotzdem ist es schwer. Und auch falsch machen kann man viel dabei. Zum Glück hilft uns GOTT. ER leitet uns wunderbar – und oft - auf ungeahnte Wege. Amen.

Und der Friede Gottes, welcher höher ist als unsere Vernunft, bewahre eure Herzen und Sinne in Jesus Christus, unserm Herrn. Amen

***

Predigt: Tod, wo ist dein Stachel (1. Kor 13, 9-13)

Gnade sei mit euch und Friede von Gott, dem Vater, und unserm Herrn Jesus Christus, liebe Gemeinde.

Es hatte ein Mann einen Esel, der schon lange Jahre die Säcke unverdrossen zur Mühle getragen hatte. So beginnt eines der bekanntesten Märchen der Gebrüder Grimm, das ich Ihnen heute als Grundlage der Predigt vorstellen möchte.

< *Es hatte ein Mann einen Esel, der schon lange Jahre die Säcke unverdrossen zur Mühle getragen hatte, dessen Kräfte aber nun zu Ende gingen, sodass er zur Arbeit immer untauglicher ward. Da dachte der Herr daran, ihn aus dem Futter zu schaffen, aber der Esel merkte, dass kein guter Wind wehte, lief fort und machte sich auf den Weg nach Bremen. Dort, meinte er, könnte er ja Stadtmusikant werden. Als er ein Weilchen fortgegangen war, fand er einen Jagdhund auf dem Wege zu liegen, der japste wie einer, der sich müde gelaufen hat. Nun, was japst du so?",* fragte der *Esel. „Ach", sagte der Hund, „weil ich alt bin und jeden Tag schwächer werde, auch auf der Jagd nicht mehr fort kann, hat mich mein Herr wollen totschlagen, da hab ich Reißaus genommen. Aber womit soll ich nun mein Brot verdienen?" „Weißt du was", sprach der Esel, „ich gehe nach Bremen und werde dort Stadtmusikant, geh mit und lass dich auch bei der Musik annehmen. Ich spiele die Laute, und du schlägst die Pauken." Der Hund war zufrieden und sie gingen weiter. Es dauerte nicht lange, so saß da eine Katze an dem Weg und machte ein Gesicht wie drei Tage Regenwetter. „Nun, was ist dir in die Quere gekommen, alter Bartputzer?", sprach der Esel. „Wer kann da lustig sein, wenn's einem an den Kragen geht", antwortete die Katze, „weil ich nun zu Jahren komme, meine Zähne stumpf werden und ich lieber hinter dem Ofen sitze als nach Mäusen herumjage, hat mich meine Frau ersäufen wollen. Ich habe mich zwar noch fortgemacht, aber nun ist guter Rat teuer. Wo soll ich hin?" „Geh mit uns nach Bremen, du verstehst dich doch auf die Nachtmusik, da kannst du ein Stadtmusikant werden!" Die Katze hielt das für gut und ging mit. Darauf kamen die drei Landesflüchtigen an einem Hof vorbei, da saß auf dem Tor der Haushahn und schrie aus Leibeskräften. „Du schreist einem durch Mark und Bein", sprach der Esel, „was hast du vor?" „Da hab ich gut Wetter prophezeit", sprach der Hahn, „weil unserer lieben Frauen Tag ist, wo sie dem Christkindlein die Hemdchen gewaschen hat und sie trocknen will. Aber weil am Sonntag Gäste kommen, so hat die Hausfrau doch kein Erbarmen und hat der Köchin gesagt, sie wollte mich in der Suppe essen und da soll ich mir heute Abend den Kopf abschneiden lassen. Nun schrei ich aus vollem Hals, solang ich noch kann." „Ei was, du Rotkopf", sagte der Esel, „zieh*

*lieber mit uns fort, wir gehen nach Bremen, **etwas besseres als den Tod findest du überall.** Du hast eine gute Stimme und wenn wir zusammen musizieren, so wäre dies wohl fantastisch." Der Hahn ließ sich den Vorschlag gefallen und sie gingen alle zusammen fort.>*

Soweit erst einmal die Lesung. Es handelt sich dabei zunächst um die erste Hälfte der berühmten Fabel.

Worum geht es in dem Märchen? Zum einen wohl um unser Verhalten Tieren gegenüber, die wir bis auf den heutigen Tag ziemlich skrupellos ausbeuten und zum Dank dafür dann auch noch in den Kochtopf tun oder zu Wurst oder Tierfutter verarbeiten, wie dies ja eben anklang. Es wäre verlockend, hier jetzt auf die Tränendrüse zu drücken und sich für den Tierschutz stark zu machen, doch das ist meine Absicht **nicht** – nicht hier und nicht jetzt – vielleicht ein anders mal. –

Ich sehe vielmehr einen ganz anderen Interpretationsansatz.

Ausgehend von dem Satz: ...**etwas besseres als den Tod findest du überall** – möchte ich einsteigen in ein Nachdenken über unsere Vorstellungswelt, - um damit vielleicht - *,dem Tod seinen Stachel zu nehmen',* wie es bei Paulus heißt.

Aber zurück zu den **Bremer Stadtmusikanten**, denn um die - Sie haben es längst erraten, liebe Gemeinde - geht es in dem Märchen.

Esel, Hund, Katze und Hahn, sind dem Tod von der Schippe gesprungen, um sich auf ihre verborgenen Talente zu besinnen, und damit zum ersten Mal in ihrem Leben selbst über ihr Schicksal zu bestimmen. Sie gewinnen dem Leben nachgerade himmlische Freuden ab. Was sie auch beginnen, es gelingt.

Sie säubern – **den Finanzplatz Eschborn am Taunusrand** - *(natürlich nicht diesen.)* Es ist vielmehr ein Räuberhaus im tiefen Wald irgendwo im Norden, das sie **von kriminellen Elementen befreien**, um sich dort statt jener einzurichten. Sie holen sich damit gleichsam den Himmel auf die Erde herab.

Soweit das Märchen, denn ihr Sieg über das Raubgesindel ist zweifellos ein Märchen, aber was ist die Botschaft?

Nun, mit Fantasie und Solidarität, mit Mut und Schläue gelingt es, unsere Räuberhöhle *(die Welt in der wir leben)* in Ordnung zu bringen. Um darin in Eintracht – *man denke an die klassische Feindschaft zwischen Katz und Hund* – gemeinsam und miteinander zu leben.

Bremen wird zur Metapher für den Himmel auf Erden, zu dem **Neuen Jerusalem** der biblischen Verheißung.

Wie gesagt – liebe Gemeinde - ein Märchen, mehr nicht.

Aber eines, das reinhaut und zum Wahrzeichen einer der blühendsten Hansestädte wurde, die einstmals schon ein Stück weit himmlische Insel des wohlständischen Friedens und der bürgerlichen Freiheiten war.

Gestorben aber wurde noch immer nicht. Dem Tod wurde ein Schnippchen geschlagen. Um die Antwort auf die Frage nach dem Übergang vom Leben in den Tod aber habe ich mich herumgedrückt. So herrlich und in Freuden unsere wackeren, tierischen – liebenswerten - Streiter für 's neue Jerusalem auch leben, so **leben** sie doch; und Bruder Hein schaut ihnen nur über die Schulter, und kommt jeden Tag ein Stückchen näher.

Der Apostel Paulus wäre an diesem Punkt ebenfalls beinahe stecken geblieben – er wäre es ohne seinen Messias, denn der ist ja nicht nur gestorben, sondern **auferstanden**. Er geisterte zunächst ziemlich nahtlos und kaum verändert durch die Welt seiner Jünger, um an Himmelfahrt aufzubrechen und dem Erdenlos den Rücken zu kehren.

Ab da wird's dann nebulös - bei allen Evangelisten, nicht nur beim Apostel Paulus. Der flüchtet sich in Metaphern und verliert sich im Schwelgen – und hofft insgeheim wohl selber nahtlos hinüber zu schlüpfen – ganz wie sein verehrter Rabbi Jesus.

Vielleicht ist es an dieser Stelle angebracht, erst einmal inne zu halten, um einen recht bekannten Gospelsong miteinander zu singen, was wir nun gemeinsam tun wollen, wenn es recht ist. Das entsprechende Liebblatt halten Sie in Händen...

Oh, When The Saints

1
Oh when the Saints - go marching in,
oh when the Saints - go marching in.
I wanna be,
be in that number,
oh when the Saints go marching in.
2
And when the stars - begin to shine,
and when the stars - begin to shine.
I wanna be,
be in that number,
oh when the Saints go marching in.
3
And when the bands - begins to play,
and when the bands - begins to play.
I wanna be,
be in that number,
oh when the Saints go marching in.
4
When Gabriel - blows in his horn,
when Gabriel - blows in his horn.
I wanna be,

Be in that number,
oh when the Saints go marching in.
5
And on that hal - lelujah-day,
and on that, hal - lelujah-day.
I wanna be,
be in that number,
oh when the Saints go marching in.

Ja, unsere Vorstellungswelt ist doch ziemlich begrenzt, wenn es um das himmlische Leben geht.

...unser Wissen ist Stückwerk, (schreibt Paulus an die Korinther*) und unser prophetisches Reden ist Stückwerk. Wenn aber kommen wird das Vollkommene, so wird das Stückwerk aufhören.*

Als ich ein Kind war, da redete ich wie ein Kind und dachte wie ein Kind und war klug wie ein Kind; als ich aber ein Mann wurde, da tat ich ab, was kindlich war.

Wir sehen jetzt durch einen Spiegel ein dunkles Bild; dann aber von Angesicht zu Angesicht. Jetzt erkenne ich stückweise; dann aber werde ich erkennen, wie ich erkannt bin.

Nun aber bleiben Glaube, Hoffnung, Liebe, diese drei; aber die Liebe ist die größte unter ihnen... (1. Kor 13, 9-13)

Soweit Paulus, mit einer seiner **schönsten und ergreifendsten Sentenzen**; und doch bleibt die Aussicht vage.

Mir kommt dazu nun eine recht häufige Figur in den Sinn, die sich viele Millionen Male in der Natur um uns her immer wieder ereignet – ich meine die Metamorphosen der Insekten.

Die Metamorphose ist in der Natur keineswegs auf Insekten beschränkt, sondern ist so allgemein verbreitet, wie es die Urzelle ist, die noch immer allem organischen Leben zugrunde liegt.

Überlassen wir uns für einen Moment der Vorstellung aus einer Raupe zu schlüpfen, um als bunter Schmetterling in die Weite hinaus zu flattern, denn nichts anderes bedeutet ja Metamorphose.

Wir **Erdenwürmer** verpuppen uns (das wäre unser Tod) um nach einigen Tagen als ein völlig anderes Lebewesen zu schlüpfen und das Licht der Welt zu erblicken, einer Welt, die dann ebenfalls eine ganz andere ist. Eine Welt aus der Schmetterlingsperspektive, was in unserem Falle wohl so eine Art Engelsperspektive wäre.

Überlassen wir uns für kurz dieser Vorstellung und erfreuen wir uns am Bild des herrlich bunten Falters, dessen Freiheit uns lockt.

Klar – niemand möchte als Mistkäfer oder gar als Schmeißfliege schlüpfen, womöglich nicht einmal als Nachtschwärmer, wie der Totenkopf oder das Rote Ordensband, obwohl auch die recht hübsch anzusehen sind.

Wir wollen alle mindestens Pfauenauge, Admiral, Aurora-, oder Zitronenfalter werden. Und dafür gilt es bereits im Raupenstadium zu sorgen, denn dort werden die Weichen gestellt. – [Gesetzt den Fall, es gelänge, hier ein wenig zu drehen, was freilich nicht gelingen wird, da nichts und niemand seiner genetischen Bestimmung ganz entgeht, ist sie doch Gottes Gnade.]

Wir bewegen uns nach wie vor im Reich der Metaphern! Das muss uns bewusst bleiben.

Wie dem auch sei...

Können wir uns mit der Vorstellung anfreunden, den Tod als Metamorphose zu begreifen? Gleichsam als **die Bedingung der Möglichkeit,** das wahre und ganze Leben zu erringen?

Nun, es bleibt uns wohl nichts anderes übrig. Eine wirkliche Wahl haben wir nicht, so setzen wir besser auf die **Hoffnung**, das ist doch auch etwas!

Und der Friede Gottes, der höher ist als alle Vernunft, bewahre eure Herzen und Sinne in Jesus Christus, unserm Herrn. Amen.

***

Printed by Books on Demand GmbH, Norderstedt / Germany